AU PROFIT DES INONDÉS

LA
GRANDE CATASTROPHE
DES 23, 24, 25 JUIN 1875

Dans les trois départements de la Haute-Garonne, du Tarn-et-Garonne
et du Lot-et-Garonne.

RÉCIT — CAUSES — REMÈDES DU DÉSASTRE

AGEN

Mlle A^{me} POZZI, PLACE DU MARCHÉ-AU-BLÉ

1875

LA

GRANDE CATASTROPHE

DES 23, 24, 25 JUIN 1875

AGEN. — IMPRIMERIE S. DEMEAUX, PLACE PAULIN

AU PROFIT DES INONDÉS

LA

GRANDE CATASTROPHE

DES 23, 24, 25 JUIN 1875

Dans les trois départements de la Haute-Garonne, du Tarn-et-Garonne et du Lot-et-Garonne.

RÉCIT — CAUSES — REMÈDES DU DÉSASTRE

AGEN

Nlle Anie POZZI, PLACE DU MARCHÉ-AU-BLÉ

1875

PRÉFACE

O vous tous qui passez le long du chemin de la vie, considérez et voyez dans les annales de l'histoire s'il est un malheur semblable à celui qui vient de désoler nos fertiles plaines de la Garonne. Quelques dépêches lancées dans nos journaux, quelques détails glissés dans nos feuilles publiques vous ont dit un mot de nos désastres. Ce mot me semble bien insuffisant pour vous faire apprécier toute l'étendue de nos infortunes. Pour déplorer les pertes irréparables de nos malheureuses contrées, il faudrait les accents plaintifs de Jérémie, et pour retracer nos malheurs les larmes amères d'une des victimes du terrible fléau. — Jeune encore, inhabile à manier la plume, n'ayant jamais affronté les écueils de la publicité, j'ai hésité longtemps à faire paraître le récit de ces tristes événements que j'avais groupés par ordre, dans les rares moments de loisir que me laissent mes occupations multiples.

Enfin voyant que de toutes parts s'organisaient des moyens de subvention pour les pauvres inondés, pourquoi, me suis-je dit, ne pas faire paraître une brochure sur les événements du 23, du 24 et du 25 juin? Le prix de la vente de ce modeste ouvrage serait un secours pour ceux qui souffrent et la lecture pourrait servir de leçon à ceux qui me feront l'honneur de le parcourir. C'est surtout pour atteindre ce second but que j'ai ajouté le chapitre : *Des causes de nos Désastres*. Être utile à ceux qui ont tant souffert dans nos récentes infortunes en leur procurant quelques secours, être utile à ceux dont l'âme est plongée dans une détresse plus grande que celle dont le corps a à souffrir, par quelques conseils inspirés par la foi, tel est mon unique dessein. Je le confie, ce dessein, au cœur de tant de généreux Français dont le dévouement s'efforce de monter toujours à la hauteur des désastres, sûr de le voir couronné de succès.

Dans les premiers jours de juin, des flocons de neige étaient tombés le long de la chaîne des Pyrénées aussi pressés qu'au temps des plus rigoureux hivers. Ces neiges tombant pendant plusieurs jours consécutifs s'étaient amoncelées, s'ajoutant aux neiges éternelles qui couronnent ces gorges impénétrables aux rayons du soleil. Or, à ce temps si rigoureux succéda une température des plus douces, qui fit fondre la neige si précipitamment que tous les Gaves coulèrent à l'instant à pleins bords ; puis, pour comble de malheur, vint souffler le vent brûlant du Midi qui hâta la fonte des neiges, les précipita en avalanches le long des pics et fit déborder tous les cours d'eau et toutes les rivières des Pyrénées. La force des avalanches fut telle que dans leur marche furieuse elles allaient déracinant des pins séculaires, roulant des blocs entiers de granit, ravinant de vastes collines, renversant les cabanes du berger et les habitations du maître, ensevelissant sous son long et affreux linceul des troupeaux entiers de bœufs, de moutons errant à travers la montagne ou abrités dans la vallée sous le toit de chaume ou d'ardoises. On a vu même des bandes d'ours arrêtés aux ponts des villes du Midi. Surpris par l'ouragan, ils avaient été entraînés avec leurs antres sauvages, et broyés sous les ruines de leurs repaires ils avaient été roulés dans le lit de la Garonne grossi par les pluies torrentielles qui étaient tombées pendant trois jours et trois nuits consécutifs. Les cadavres de ces animaux déjà gonflés à cause de leur séjour prolongé dans les eaux apparurent au pont de Toulouse dans la nuit du 23 juin, jour terrible, épouvantable, dont le douloureux souvenir restera gravé en larmes inaltérables dans les annales de l'histoire.

Commençons ce lamentable récit, dont nous empruntons les principaux détails au très-estimable journal de Toulouse, l'*Echo de la Province*.

CHAPITRE PREMIER

Vitesse, — étendue et ravages de l'inondation, — Toulouse.

Toute la population toulousaine se presse anxieuse sur les bords du quai pour assister à ce désolant spectacle de la Garonne arrivée à un niveau tel qu'on ne l'avait jamais vu aussi grande de mémoire d'homme (1). On croirait voir une tempête en pleine mer. On voit passer sans interruption des animaux noyés, des débris de ponts et de maisons, des murs entiers, des palissades, des meubles, des barriques, des instruments de travail, des arbres avec leur feuillage et leurs racines, des madriers énormes qui vont se heurter contre les piles de tous les ponts et s'engloutir dans le remous énorme que produit le choc de l'eau contre ces obstacles. Le pont de fil de fer de Saint-Pierre a été emporté vers une heure de l'après-midi; une des piles a résisté jusqu'à trois

(1) Il est trois heures et demie du soir environ. C'est vers cette heure que la crue de la Garonne atteignit son maximum : près de 10 mètres au-dessus de zéro de l'échelle, soit environ 2 mètres 50 au-dessus du niveau auquel s'était arrêtée la crue de 1855, qui avait été la plus forte qu'on eût vue, depuis le commencement du siècle, dans le bassin de la Garonne.

heures, puis a été emportée à son tour. On craint, à quatre heures de l'après-midi, pour le pont de fil de fer et le pont de pierre nouvellement construit à Saint-Michel et qui relie le quai de Montbel — ancien quai de Tounis — avec le Ramier. L'eau est arrivée au sommet extrême des arches et bat avec fureur le parapet. Tous les ramiers sont littéralement couverts à plusieurs mètres de hauteur. Un grand nombre de maisons du quai de Montbel, toutes celles du port Garaud, celle de la Croix-de-Pierre, au faubourg Saint-Cyprien, les usines avoisinant le moulin du Château et le moulin du Basacle, les fabriques des Amidonniers sont cernées par l'eau jusqu'au premier étage. Le quartier entre la caserne Lascrosses et le canal nage dans l'eau. On travaille activement, avec le secours des soldats de toutes armes, à établir des batardeaux et des digues formées avec de la paille, du fumier, etc., pour préserver les quartiers les plus exposés.

On parle de plusieurs maisons écroulées ; on craint pour beaucoup d'autres, même fort solides, tant est énorme la violence du courant. Jusqu'ici on ne nous a signalé aucun malheur irréparable, comme une mort d'homme, quoique dans plusieurs maisons on ait dû sauver par des échelles et avec des bateaux les personnes enfermées et manquant de pain.

Les bains militaires et la moitié de l'école de natation d'Artigaut ont été emportés ce matin et se sont brisés contre le Pont-Neuf avec un bruit effroyable. Le soir, les bains Raynaud, tout nouvellement construits, et plusieurs autres lavoirs du quai de Tounis, du quai Saint-Pierre et Saint-Cyprien ont disparu, brisés, disloqués, emportés par l'eau bouillonnante.

La Garonne a enfoncé l'aqueduc de l'Hôtel-Dieu, a envahi les salles basses, les cours, les jardins du fond, et, pour qu'elle n'occasionnât pas de grands désastres, on a dû lui percer plusieurs murs et lui ouvrir un passage par la rue Viguerie, où elle s'échappe comme un torrent.

Le moulin du Basacle et les usines avoisinantes sont sérieusement menacés par l'eau qui bat leurs murs avec une violence inouïe et qui arrive en plein sur eux. Une fumée épaisse s'élève du laminoir du Basacle ; on dit que le feu dévore cette fabrique ; d'autres affirment que l'eau a pénétré dans les chaudières et dans les fours brûlants, se changeant en vapeur et menaçant de faire tout sauter.

Six heures du soir. — L'eau a dépassé le cours Dillon ; tout le faubourg Saint-Cyprien est envahi par deux, trois et jusqu'à quatre mètres d'eau. Des rues entières se sont écroulées, ainsi que des maisons isolées un peu partout. On fait évacuer les malades de l'Hôtel-Dieu entièrement envahi par la Garonne jusqu'au premier. On parle de morts nombreux. D'après les on-dit, et nous espérons encore, si l'espoir est permis à cette heure, que cette nouvelle sera fausse, huit soldats montant une barque, se seraient noyés avec une trentaine de personnes qu'ils sauvaient. Deux artilleurs à cheval conduisant une prolonge auraient été entraînés et noyés. Et tous les malades, les vieillards, les infirmes couchés dans les maisons branlantes à moitié effondrées!!!...

Le pont suspendu Saint-Michel est emporté vers six heures et demie par l'eau qui le dépassait; heureusement il est passé en long sous le Pont-Neuf; le Port-Garaud nage sous l'eau, les maisons s'effondrent l'une après l'autre comme des châteaux de cartes. On fait évacuer le couvent du Refuge et le couvent du Sacré-Cœur entièrement inondés. L'eau arrive presque au bord des allées Saint-Michel. Tout le monde déménage dans les petites rues de Saint-Michel, de la Dalbade et des Couteliers. L'épouvante est immense et générale.

Le bateau dragueur en station au pont Saint-Pierre a été enlevé et chaviré; il était monté par cinq personnes qui poussaient des cris de désespoir. On ignore quel a été leur sort.

L'île du moulin du Château, avec la métairie contenant 30 bœufs et les importantes usines qui y sont construites, sont environnées par les eaux. Heureusement, on a eu la précaution d'évacuer les femmes et de laisser des vivres aux ouvriers qui sont bravement restés. A 7 heures, ces malheureux, craignant de voir enlever les bâtiments où ils se sont réfugiés, poussant des cris déchirants, auxquels se joignent les beuglements d'épouvante des bœufs qui ont de l'eau jusqu'au ventre.

On a vu, aux Sept-Deniers, des individus sur le toit d'une maison, un individu poussant des cris de détresse et appelant au secours.

Dans l'église Saint-Nicolas, il y a trois mètres d'eau;

le bureau de police du faubourg Saint-Cyprien est couvert par l'eau. Il n'y a pas une maison de ce faubourg qui ne soit inondée ; la plus haute maison à deux ou trois mètres d'eau.

Une maison du quai de Brienne vient de baisser subitement de quelques centimètres.

La Garonne charrie toujours ; on voit passer des croix de cimetière et une foule de débris de maisons, de clôtures, de poutres, d'arbres, de tonneaux, etc.

Les militaires de la garnison, appartenant à tous les corps, officiers supérieurs et simples soldats, ont lutté avec un dévouement, un courage, une énergie héroïque, avec de l'eau jusqu'au cou. Nous ne saurions trop les féliciter au nom de la population qui les admire, les applaudit et les remercie de tout son cœur.

Toutes les autorités civiles et militaires, le préfet, les généraux, le maire et les adjoints ; l'ingénieur de la ville, M. le commissaire central et toutes les administrations publiques ont fait noblement et courageusement leur devoir, se portant partout aux points les plus menacés.

Le reste de l'école de natation Artigaud, les lavoirs qui restaient et qui avaient tenu bon jusque là, disparaisssent vers six ou sept heures du soir.

Nous avons aperçu de la rue des Gallois (faubourg Saint-Michel), sur une toiture d'une des usines du Ramier du moulin du Château, un homme qui paraissait faire des signaux de détresse avec un linge blanc et qui appelait : Au secours ! Il est rentré quelques minutes après dans l'intérieur de la maison. On nous annonce que le mur du corridor qui conduit du moulin du Château à Tounis est tombé.

Minuit. — La Garonne croit toujours, toujours il pleut à torrent.

Parmi les épisodes lamentables de ces fatales journées, on nous en signale un des plus dramatiques qui a été aperçu par un de nos amis, d'une fenêtre de l'hospice de la Grave :

Vers les trois heures du matin, on a vu passer un matelas, entraîné par le courant; ce matelas formait radeau, et sur ce frêle radeau trois personnes étendues dont une femme qui levait les bras au ciel et se tordait de désespoir; le bruit de l'eau empêchait d'entendre ses cris. Arrivé à la chaussée du Bazacle, une vague énorme s'empara de ce matelas, le fit tourbillonner une ou deux fois, puis l'engloutit entièrement : Plus rien ; tout avait disparu pour toujours.

Il faudrait avoir, dit un journaliste toulousain, la plume du Dante du xixe siècle, la plume de Victor Hugo, pour décrire dans ses émouvantes péripéties, pour peindre dans son effrayante vérité ce naufrage d'une ville... les sourds craquements des maisons qui s'effondrent ; le bruissement farouche des eaux parmi les décombres ; les cris de détresse des parents qui s'appellent et se cherchent dans les ténèbres ; l'effarement des femmes échevelées, demi-nues ; les clameurs entrecoupées d'effrayants silences; des meubles de toutes formes, des portes arrachées de leurs gonds, des débris de toitures, des berceaux d'enfants, des cadavres roulant pêle-mêle, s'entrechoquant avec fracas dans les courants !...... Que de familles englouties sous les ruines des maisons qu'elles habitent !

Une femme tenait un jeune enfant sur ses genoux, au moment où le plancher de la chambre se déroba sous elle. La chute fut si rapide, si instantanée, qu'elle n'eut pas le temps de saisir l'enfant dans ses bras. Elle tomba presque assise sur une poutre ; mais la partie supérieure de son corps se trouvait engagée dans une étroite cavité formée autour d'elle par les débris. Impossible de faire un mouvement : ses bras contractés, ses mains crispées, son cou, sa taille étaient pris comme dans un étau. Le hasard a de ces raffinements de supplices, que l'esprit, pourtant si ingénieux, des tortionnaires n'inventerait pas. Il avait mis à cette pauvre mère une camisole de force. Après la chute, l'enfant était encore sur ses genoux, mais elle le sentait glisser. Combien de temps cela dura-t-il ? Deux, trois minutes peut-être : un siècle d'angoisses et de torture ! L'enfant roula et la mère s'évanouit..... Que d'enfants orphelins ! Que de mères en deuil ! Fatale nuit ! qui pourra jamais dire les scènes de désespoir, les funèbres tragédies que tu as ensevelies dans ton ombre ?.....

Une heure du matin. — Le temps a l'air de s'éclaircir un peu ; la pluie ne tombe que par intervalle et moins drue. Il paraîtrait même que la Garonne baisse de quelques centimètres. De temps à autre on entend de tous côtés un bruit sourd, comme un frôlement, on voit un peu de fumée, puis plus rien : c'est une maison qui s'écroule...

Et tout le faubourg Saint-Cyprien, qui nage dans l'eau, plongé dans l'obscurité la plus profonde... Quels drames doivent se passer, quelles scènes d'horreur !... Il paraît que l'on entend sur l'autre rive, du quai de la Daurade, les lamentations, les cris de douleur et de désespoir de malheureuses femmes... C'est affreux et cela fait venir mal au cœur... Oh ! si le jour pouvait venir bientôt et l'inondation s'apaiser !!!

CHAPITRE II

Sauvetage.

Enfin ! ce jour tant désiré paraît. Pendant la nuit, la Garonne avait baissé, on peut pénétrer dès l'aube, dans le faubourg et procéder au sauvetage.

Le matin, vers quatre heures, le sauvetage des malheureux inondés a été entrepris ; il y avait encore près de trois mètres d'eau dans le faubourg Saint-Cyprien : le spectacle était affreux. Nous ne pouvons raconter tout ce qui s'est passé là ; il est des scènes qui ne se peuvent décrire. Vingt-cinq mille personnes sont présentement sans feu ni lieu, tout ce qu'elles possédaient se trouve englouti par ce désastre dont il est impossible de calculer encore toutes les conséquences.

Les fourgons de l'artillerie ramenaient en ville ces nombreuses victimes, pâles, exténuées, presque nues, grelottant de froid et plongées dans la stupeur. Ces infortunés paraissaient n'avoir plus conscience de ce qui se passait autour d'eux et de leur propre situation. A cette vue si triste, si affreuse, l'âme de tous les spectateurs était plongée en un morne silence, tant la douleur était sincère.

Plus de cinq cents maisons sont déjà par terre, et combien d'autres, hélas ! qui auront demain le même sort.

Parmi celles qui se sont écroulées, on désigne : la maison Olivier, la fonderie Bourges, la fonderie Delpy et la fonderie Meysonnié, la maison Lamouroux, la maison Comère (café Fréchou), le bal du Grand-Orient, la maison Estrade, droguiste, la maison Groc, sur l'allée de Garonne, l'ancien hôtel Massabiau. Le moulon dans lequel était située la maison Douchage est complétement détruit ; du côté de la Croix-de-Pierre, il ne reste debout que les murs du moulin Vivent. Le côté droit de la porte de fer de Saint-Cyprien a été emporté par le courant presque en même temps que trois arches du pont d'Empallot.

Le nombre des victimes est considérable : il y avait ce soir à l'hospice une centaine de cadavres. M. le docteur Brun a péri avec sa femme. On parle aussi du gendre de M. Guiraud, de Mme Garrigues, sœur de M. Guillaume Garrigues, secrétaire du conseil de discipline des avocats. Cette fervente chrétienne se confessait au P. Emmanuel, lorsqu'elle a été engloutie avec ce digne religieux dans les eaux.

Parmi les victimes de la fatale journée d'hier, on cite M. le marquis Eugène d'Haupoul. Ce courageux gentilhomme s'était élancé dans une barque pour porter secours aux inondés ; son embarcation a échoué et il n'a plus reparu.

Les actes d'héroïsme n'ont pas manqué, tout le monde a fait son devoir.

L'armée s'est surtout noblement comportée et il n'y a qu'une voix pour applaudir M. le général de Salignac-Fénelon, si digne du nom qu'il porte. M. le préfet s'est multiplié ; M. le général Lapasset, M. le maire et ses adjoints méritent les éloges de la population toute entière.

Nous nous en voudrions aussi de passer sous silence la belle conduite de M. Dumas, notre excellent commissaire central. Nous l'avons vu tout organiser avec un zèle et une intelligence qui ne nous ont pas surpris, mais que nous sommes heureux de constater.

Nous le répétons, chacun a été à la hauteur de la mission qui lui incombait.

Les blessés ont été transportés à l'Hospice. Le secours médical et les sœurs de charité font des prodiges de dévouement. Plusieurs prêtres entourent ces pauvres gens de consolations. M. l'abbé Galey, curé de Montaigut, de passage à Toulouse, est accouru un des premiers. Nous le félicitons au nom des malheureux dont son ministère a certainement adouci les atroces souffrances.

Le P. Emmanuel a pu être sauvé ce matin. Ce digne religieux est resté quatorze heures dans l'eau luttant avec une énergie surprenante contre le courant. A l'heure présente, il est à l'hospice de la Grave entouré de tous les soins que nécessite son état. On peut même espérer qu'il est hors de danger.

Avec le P. Emmanuel, on a pu sauver les dames Wolfen, qui habitaient cette même maison — hôtel Massabiau — et de M. de la Rohéllerie, qui s'y était aussi réfugié.

Un de nos amis nous affirme que plus de cinq mille personnes s'étaient réfugiées au château de Purpan.

Dans le faubourg Saint-Michel, l'eau a fait ausi de grands ravages.

La partie basse du couvent du Refuge s'est écroulée. La rue des Saules est presque entièrement détruite.

Toutes les usines du Ramier, ainsi que celles des Amidonniers, ne sont plus qu'un amas de décombres.

On communique à la *Dépêche* le récit suivant d'un émouvant épisode de cette journée terrible :

« Vers trois heures, un envoyé des Sept-Deniers s'est presenté à la caserne d'artillerie et a demandé des hommes de bonne volonté pour sauver quatre personnes enfermées dans une maison de ce quartier envahie par les eaux. Trois hommes ont été choisis par le commandant : Ces trois braves artilleurs sont partis sur deux barques accompagnés de trois matelots. Les six sauveteurs ont pris deux bateaux à l'Embouchure et se sont dirigés vers l'église des Sept-Deniers, près de laquelle se trouve la maison où devait s'accomplir le sauvetage.

» Les deux embarcations sont passées par dessus les champs de blés situés entre le canal et la Garonne. La première barque, montée par deux matelot et un artilleur, était suivie de la seconde, montée par deux artilleurs et un matelot. Arrivée vis-à-vis de l'église des Sept-Deniers, la première embarcation a été saisie par un courant rapide, et les matelots n'ont pu diriger leur barque, qui a été entraînée vers la Garonne avec une rapidité vertigineuse.

» Dans sa course précipitée, la première embarcation a effleuré les murs de la maison où devait s'opérer le sauvetage du toit de laquelle quatre personnes leur tendaient les bras et leur demandaient du secours avec des cris désespérants. Hélas ! les sauveteurs ont probablement péri avant les personnes qu'ils allaient sauver.

» Les deux artilleurs et le matelot qui montaient la seconde embarcation ont été assez heureux pour éviter le courant qui avait entraîné la première embarcation et ont pu ainsi échapper à une mort presque certaine.

» Quant aux personnes renfermées dans ladite maison, il a été jusqu'ici impossible de les secourir et il est à craindre que, vu la violence des eaux en cet endroit, la maison ne soit écroulée à cette heure-ci.

» Nous regrettons de ne pouvoir donner les noms des six dévoués sauveteurs. L'artilleur qui a probablement péri, se nomme Jouanny ; les deux artilleurs qui ont réussi à se sauver se nomment Baleyre et Foucy. »

Tous les établissements publics de la ville ont été réquisitionnés pour loger les inondés. Plus de quinze mille s'y trouvent à l'abri. On leur distribue des vêtements et des vivres. On ne peut regarder ces malheureuses victimes de la plus épouvantable des catastrophes, sans sentir les larmes monter aux yeux.

Les RR. PP. Jésuites en ont recueilli soixante au collége Sainte-Marie. Nous apprenons un fait bien touchant. Presque tous les élèves n'ont voulu, ce matin, manger que du pain, afin de donner leur dîner aux inondés.

Autre épisode des plus touchants et des plus dignes d'être racontés :

Il y a en ce moment, dans une des ambulances où sont recueillis les inondés, une jeune femme, appartenant à la race hispano-arabe. Sur ses haillons, un fichu jaune serré autour du cou fait ressortir encore la beauté de ses traits, amaigris par la fatigue et la douleur. Cette jeune mère a été l'héroïne d'un autre drame poignant.

Au moment où l'inondation arrivait terrible, menaçante, elle eut une inspiration, — inspiration qui lui venait du Ciel comme elle le reconnaît pour la première fois peut-être en bénissant Dieu qui la lui a envoyée. Elle serre son enfant dans un lambeau de drap et *le coud sur sa poitrine*; puis elle prend sa mère par la main, et toutes les trois cherchent à se sauver de la maison qui va bientôt s'écrouler sur elles. Mais le flot les saisit presque au même instant et les entraîne dans ses eaux presque bouillonnantes ; la vieille grand'mère disparaît à tout jamais, la jeune mère flotte sur le courant avec son enfant toujours attaché sur sa poitrine.

la main de Dieu, de ce Dieu qu'invoque et que remercie à cette heure la mère, semble visiblement les préserver...

Arrivés à la rue Viguerie, des soldats aperçoivent ces deux corps flottants ; la vue de cet enfant qui presse convulsivement le sein de sa mère les excite et les enflamme. Un premier soldat, puis un second, un troisième ne peuvent les saisir... Enfin, par un miraculeux hasard, un marinier dont nous ignorons le nom, monté sur une barque, parvient avec une gaffe à accrocher les cheveux de la mère et l'amène à lui. Grâce à cette heureuse idée que lui avait suggéré son amour maternel, l'enfant était sauvé avec elle.

Les soldats et les pompiers parcourent toutes les rues visitées par le terrible fléau, au péril de leur vie, — car les maisons s'écroulent toujours de minute en minute, — la pelle et la pioche à la main, avec des crocs et des échelles pour sauver les malheureux abandonnés vivants, dans les décombres, s'il en reste toutefois encore de vivants ! On les voit pénétrer hardiment dans les maisons branlantes ; on est effrayé et on admire malgré soi ces héroïques soldats. Dans les casernes, quand on demandait cinquante hommes de bonne volonté pour courir un danger imminent et presque certain, tout le régiment se présentait....

Les ingénieurs, croyant l'hospice de la Grave menacé donnent l'ordre de faire évacuer les sœurs et les malades et de les faire transporter à l'Hôtel-Dieu. Des artilleurs, des soldats de ligne se présentent pour opérer ce sauvetage sous une pluie battante et par les toits le long de la Garonne.

Nous avons remarqué parmi les sauveteurs M. Gabriel de Belcastel, député de la Haute-Garonne, qui s'est multiplié tant à l'hospice de la Grave qu'au dépôt de Mendicité, en partie écroulé ; M. le marquis de Laurens-Castelet, son gendre ; M. le comte de Bégouën, trésorier-général; les internes de l'hôpital et deux ou trois vaillants jeunes gens accourus là bravement. C'était un spectacle touchant de voir ces vieux et ces vieilles, infirmes, malades, aveugles, boiteux, portés sur les épaules des soldats ou soutenus par des mains amies se hasardant le long des toits et sur la frêle passerelle qui reliait ces toits à la baraque du garde du pont Saint-Pierre.

Encore une fois, et nous ne nous lassons pas de le répéter, nos vaillants soldats, trempés jusqu'aux os, n'ayant rien mangé depuis le matin, se sont conduits héroïquement. On nous apprend à l'instant même que le conseil municipal, dans la séance qui vient d'avoir lieu aujourd'hui, a voté l'érection d'une plaque commémorative pour rappeler à tous et aux générations futures le sublime dévouement de la garnison de Toulouse, dévouement qu'un grand nombre d'entre eux peut-être — nous le saurons bientôt — ont payé de leur vie !

10 heures du soir. — La Garonne baisse toujours ; on nous signale le passage à travers la ville de plusieurs fourgons d'artillerie entièrement chargés de cadavres et se rendant, escortés par la troupe, au cimetière de Terre-Cabade.

La scène suivante s'est passée dans la rue Réclusanne.

Vingt personnes, dont seize femmes et quatre hommes, s'étaient réfugiées aux étages supérieurs pour échapper à l'envahissement des eaux qui montaient sans cesse. Tout à coup, vers deux heures du matin, un craquement se fait entendre. Les murs se lézardent, les planchers tremblent, les tableaux se détachent. La frayeur s'empare de tous.

Un conseil est tenu. On décide d'escalader une galerie qui offre quelques garanties de solidité, et le sauvetage a lieu.

A peine la dernière personne mettait-elle le pied sur la galerie que la maison s'effondrait.

Il était temps, comme on voit, de chercher un lieu sûr. Mais les malheureux n'étaient pas au bout de leurs désastres. Les femmes pleuraient, se tordaient de désespoir. On entendait au loin les cris des personnes qui se croyaient ou qui se sentaient perdues dans des maisons que l'eau menaçait à tout instant d'engloutir.

A quatre heures et demie une extrémité de la galerie se détacha.

La panique fut plus grande que jamais. Il fallait fuir encore et chercher asile sur un toit voisin, mais la façade se détache et tombe avec fracas, la galerie se brise ; les personnes, au nombre de onze, sont englouties ; les autres purent rester sur le toit jusqu'à huit heures du matin. A cette heure seulement la diminution de la crue permit aux fourgons d'artillerie de circuler dans les rues et de procéder au sauvetage des personnes survivantes.

Le sauvetage continue toujours avec le secours des troupes de la garnison et sous la surveillance des autorités.

Hier matin des voitures d'omnibus ont parcouru tous les quartiers, s'arrêtant à tous les carrefours. Après un roulement de tambour, la population était invitée à donner du linge et des vêtements pour les inondés dont plusieurs milliers sont à peu près nus. Nous devons constater, à l'éloge de la population, qu'elle répondait partout à cet appel pressant de la municipalité.

L'on ne saurait croire, en effet, combien sont nombreux les malheureux inondés, à qui il ne reste pour tout bien que les quelques lambeaux de vêtements qu'ils ont sur le corps. De toutes les campagnes, en effet, arrivent des malheureux entièrement ruinés, qui viennent chercher un abri et du pain dans la ville.

Dans l'impossibilité où l'on est de conserver plus longtemps les corps des victimes et d'admettre à les visiter tous ceux qui ont perdu des personnes qui leur sont chères, on a fait photographier ces victimes, afin que la reconnaissance par leurs parents et amis puisse avoir lieu plus tard.

Les sœurs de charité de Saint-Sernin ont recueilli un certain nombre d'inondés.

Les orphelins de l'hospice ont été recueillis par les R. P. jésuites de Crousou.

Le Cercle catholique de Saint-Sernin a recueilli quatre-vingt-cinq hommes ou femmes auxquels il a distribué des vêtements, donné la nourriture et le logement.

L'église Saint-Nicolas a été envahie par l'eau jusqu'à la hauteur du maître autel. M. le curé avait eu l'heureuse précaution de déposer, après la procession, la réserve du Saint-Sacrement dans un des tabernacles de l'église de la Daurade. Une partie du clergé, l'établissement des Frères et plus de soixante personnes s'étaient réfugiées dans le clocher. Les pertes de l'église et de la fabrique sont énormes, les cloisons du presbytère renversées, le mur du jardin détruit. L'autre moitié du clergé s'était réfugié dans une maison de la place du Chairedon.

La communauté des Feuillants a été entièrement sauvée, pensionnaires et sœurs, à sept heures du matin, après avoir passé une nuit terrible ; ces malheureuses enfants avaient dû se réfugier au sommet de l'édifice ; l'eau montait toujours, les maisons craquaient de toutes parts. Vers une heure du matin elles attendaient une mort inévitable : alors s'est passée une scène déchirante. L'aumônier les a confessées l'une après l'autre, puis a dit la messe et leur a donné à toutes la sainte communion... Tout semblait fini pour ces infortunées, quand le jour a paru et on les a *toutes sauvées*.

Dans une chambre de la rue de Bayonne, sept personnes, dont le grand'père, pauvre homme de quatre-vingt-cinq ans, à moitié paralysé ; son gendre, sa fille et ses quatre enfants; une jeune fille de neuf ans, une de sept, un garçon de douze ans et un bébé de dix-huit mois à deux ans, attendaient en vain un secours qui ne venait pas, l'eau montait graduellement avec un mugissement terrible; la famille, réunie auprès du lit, le pauvre vieux père assis dans son fauteuil, ses béquilles sur ses genoux, écoutaient avec terreur le bruit formidable des maisons qui s'écroulaient, de l'eau qui clapotait contre les murs de la maison, en envahissant l'intérieur, la fuite coupée dans le corridor attenant à la chambre, les fenêtres restées ouvertes y avaient laissé pénétrer le flot.

La fenêtre de l'appartement était grillée et aucun instrument n'était à la disposition de la famille pour rompre ou limer les barreaux.

A quatre heures et demie la fenêtre se détache avec fracas et l'eau envahit la chambre, renversant tout sur son passage, les meubles, les jouets des enfants, le fauteuil du grand'père. C'était horrible, le désespoir s'empara de cette pauvre famille; le grand'père, incapable de faire le moindre mouvement; le père des enfants, cramponné aux barreaux de la grille, une de ses filles et son jeune garçon à ses côtés, appelant au secours d'une façon déchirante; la mère, appuyée sur son lit, son bébé dans les bras, étroitement embrassée par sa fille, tout cela offrait un spectacle affreux que nulle plume ne pourrait décrire.

Le sauvetage s'opéra de la manière suivante :

Vers cinq heures du matin, trois mariniers dont les

noms nous sont malheureusement inconnus se portèrent à la fenêtre armés de gaffes et de pinces. Ils réussirent à tordre et briser quatre barreaux de la fenêtre et s'introduisirent dans la chambre, le vieux père fut enlevé et déposé dans le bateau, puis ce fut au tour de la mère évanouie et de trois de ses enfants. Le mari et son fils restés seuls, avaient aidé au sauvetage de la famille. La barque, déjà pleine de monde, ne pouvait supporter d'autres personnes ; il fallut attendre le retour de la barque...

Après le départ du bateau un drame non moins terrible que le précédent dut se passer, car l'eau envahissant continuellement la chambre, la fenêtre dégagée, des épaves étaient venues s'engager dans cette ouverture. Au retour du bateau, les cadavres du père et de son fils étaient retrouvés étroitement embrassés, le père ayant une blessure horrible à la tête, sans doute produite par le choc d'une poutre engagée dans la chambre ; le fils a dû mourir noyé aux côtés de son père. Leurs cadavres furent déposés dans le batelet, qui les porta à la tête du Pont-Neuf, où des prolonges d'artillerie les conduisirent au cimetière.

Les Sept-Deniers.

Ce quartier a été des plus maltraités. Dès l'arrivée de la crue, la plupart des habitants s'étaient garés ; mais comme jamais elle n'était montée au-dessus de certains points, ceux qui avaient l'expérience du passé se sont entêtés à rester jusqu'à la dernière heure et trop tard pour pouvoir partir sans être cernés.

Plusieurs personnes courageuses, mais d'une vigueur insuffisante, priaient, sollicitaient les gens du métier d'aller sauver ces pauvres gens. Divers voyages avaient tout à fait réussi, mais il restait encore les familles Galineau (7 personnes), deux femmes dans deux maisons, et le domestique de Rabaudy. La crue était arrivée à son plus haut point.

Les sauvetages avec des barques ont alors commencé: Jusqu'à 5 heures, plusieurs voyages ont ramené plusieurs familles. Celles qui restaient poussaient des cris de détresse déchirants, et à ces cris venaient s'ajouter le bruit sourd et sinistre de l'écroulement.

A six heures du soir, sur la prière de plusieurs habitants du quartier, un militaire et deux marins, père et fils, sont partis pour aller sauver sept personnes qui se trouvaient encore dans la maison Galineau. La barque, emportée avec une effroyable rapidité, est venue se heurter contre des matériaux amoncelés à l'allée Rabaudy où elle a chaviré. Deux des sauveteurs, l'artilleur et un des marins, se sont accrochés à un arbre sur lequel ils sont montés; l'autre est allé à la nage se mettre sur la cheminée de la bergerie; le bâtiment s'étant effondré, il s'est encore sauvé à la nage sur un tilleul à côté de la maison du maître. Là, poussant des cris de détresse, il a été entendu par Gauban, qui, au moyen d'une corde de linge, a monté ce courageux marin qui s'était exposé pour sauver celui qui l'arrachait en ce moment à une mort certaine. Les trois sauveteurs ont ainsi passé la nuit, deux sur un arbre et l'autre dans la maison envahie. Hier matin, dès la première heure, on s'est occupé de nouveau du sauvetage de ces pauvres malheureux qui poussaient toujours des cris déchirants de détresse.

Deux habiles et courageux marins, dont nous sommes heureux de pouvoir donner les noms, le sieur Auguste Goupeau et Mathieu Calmettes, marins d'Auvillars (Tarn-et-Garonne), cédant aux prières qui leurs étaient adressées, sont partis avec leur petite embarcation. Ils ont pu heureusement aborder la maison Galineau, qui, déjà, avait commencé de s'écrouler. Sept personnes sont entrées dans le bateau ; de là, ils sont allés sauver l'artilleur et l'un des marins qui étaient sur l'arbre ; puis enfin, à la maison Lougarro, où ils ont sauvé le domestique et le pauvre marin naufragé. On comprend l'émotion qui attendait ces malheureux à leur arrivée. Une récompense a été donnée immédiatement aux deux courageux marins par une personne présente.

Après avoir opéré ce premier sauvetage, les mêmes marins sont repartis pour aller chercher encore plusieurs familles dont les maisons s'étaient écroulées, et qui cependant s'étaient sauvées soit sur les arbres, soit sur les ruines des bâtiments.

Cette fois, les deux sauveteurs étaient sauvés par les deux autres marins, les sieurs Benoit et Vialas, de l'Embouchure, dont le courage s'était fait remarquer la veille ; les deux embarcations ont sauvé plusieurs familles qui étaient sur des arbres, et qui auraient infailliblement péri sans le secours de ces vaillants citoyens. Nous regrettons de ne pouvoir donner les noms des deux marins et de l'artilleur de la veille qui ont failli périr victimes de leur dévouement.

Malheureusement, et malgré tous les secours organisés et apportés partout où on a pu le faire, plus de dix personnes ont péri dans ce malheureux quartier.

Nous devons une mention toute particulière au dévouement et à l'activité dont ont fait preuve, pour organiser les secours, MM. Lougarre, Bouzigues, Raymondis et Dauriac, propriétaires dans ces quartiers.

Pendant la nuit fatale du 23 juin, une maison s'écroula sur la famille d'un ouvrier, composée du père, de la mère et d'un enfant au maillot. Le père seul se sauva. Il courait comme un fou parmi les ruines le lendemain matin, lorsqu'il rencontra un de ses amis qui lui dit : J'ai sauvé ton enfant, je te cherchais pour te le rendre, mais comme je ne te trouvais point, je t'ai cru mort, et je l'ai porté à l'hospice...

Ivre de joie le père court à l'Hôtel-Dieu et demanda à reconnaître son fils. Or, comme tous ces enfants étaient souillés de boue, les langes en lambeaux, on les avait tous soigneusement lavés, nettoyés et changés de linge. Quand le père se présente, on lui en montre une vingtaine encore au maillot ou à peu près... Hélas ! il ne peut reconnaître le sien... Tous les enfants de quatre ou cinq mois se ressemblent et les vêtements qui seuls pourraient faire reconnaître l'enfant, lui ont été enlevés. L'œil d'une mère seul saurait trouver les traits de son fils... Et depuis ce père infortuné revient tous les jours, espérant que quelque signe miraculeux lui fera trouver l'espoir de ses vieux jours.

N'est-ce pas que cette situation est affreuse !

Dans la maison qui se trouvait en face des RR. PP. Carmes, une vingtaine de personnes qui avaient récité le chapelet avec ces religieux se réfugièrent finalement dans une chambre où elles continuèrent à prier, poussant le courage et la résignation jusqu'à chanter des cantiques. La maîtresse de la maison offrit des scapulaires à ceux qui n'en avaient pas. Tous en acceptèrent, excepté un seul qui osa dire que cette précaution ne serait pas d'une grande utilité. Enfin, le dénouement de ce drame terrible arriva ; une partie de la maison s'écroula ; plusieurs des pauvres réfugiés furent entraînés par cette chute ; cependant ils parvinrent à se sauver, excepté l'un d'eux, celui qui avait refusé de se revêtir du saint scapulaire.

Une jeune fille de 7 à 8 ans était avec sa mère et sa bisaïeule dans une maison à trois étages. Avec elles se trouvaient un homme et deux autres femmes. Voyant l'eau qui les envahissait et menaçait de les atteindre, ils montaient les degrés pour la fuir et arrivaient aux étages supérieurs.

La bisaïeule suppliait le bon Dieu de la laisser vivre encore tandis que la jeune mère se résignait et se soumettait à sa volonté. Plutôt que de nous désespérer, disait-elle à la vieille, puisque notre dernier jour est venu prions-le de nous recevoir dans son sein.

Vaines paroles! la bonne vieille s'exaltait, se frappait le front, continuait ses lamentations désespérantes. Elle finit par perdre la raison.

Les trois autres personnes imploraient à genoux la clémence du ciel.

L'eau montait toujours, et au fur et à mesure qu'elle montait, ils montaient aussi.

Ils étaient déjà sous le toit. La maison craquait de temps à autre, et au moment où ils allaient enfin franchir une claire-voie, un craquement affreux se fait entendre et la maison s'écroule.

Aux prières, aux supplications, aux cris de désespoir, succède le silence le plus profond, silence de stupeur pour les uns, et pour deux d'entre eux, silence de mort.

— Où êtes-vous, ma bonne mère? s'écrie la jeune femme après une longue pause. Point de réponse. Elle avait rendu son âme à Dieu!

— Et toi, ma fille, où es-tu?

— Ici, près de vous, maman!

— Chère enfant, notre vieille mère est morte et nous aussi nous mourrons bientôt.

— Tu crois? mère.

— Oui, chère fille, et aussitôt que nous aurons fermé les yeux, le ciel s'ouvrira devant nous et nous verrons le bon Dieu.

Il se fit un long silence... La mère priait; l'enfant pensait aux dernières paroles de sa mère.

— Maman, dit-elle enfin, tu m'as dit que nous allions voir le bon Dieu : j'ai beau fermer les yeux, je ne le vois pas encore.

— C'est que tu n'es pas encore morte, ma bien chère fille! Prions!

Elles prièrent toute la nuit, et dans quelle position, hélas! La pauvre jeune mère était tombée en avant, les bras étendus, couvrant en partie le cadavre de sa vieille grand'mère et en partie le corps de sa fille. Elle avait une énorme pièce de bois sur les épaules. Le reste de son corps, ainsi que celui de sa fille, étaient enveloppés d'un monceau de plancher et de tuiles brisées.

Quelle nuit! rien que le bruit de l'eau tourbillonnant autour d'elles sans pouvoir les atteindre. Ce bruit n'était interrompu que par le bruit plus sinistre encore de l'éboulement des maisons voisines mêlé aux cris de désespoir de leurs habitants.

Les lueurs de l'aurore arrivent enfin et, avec elles, quelques lueurs d'espoir pénètrent le cœur de la mère.

Une voix! Elle a entendu une voix dans le lointain. Plus rien... Elle croit rêver.

Encore un bruit de voix confuses, mais cette fois plus rapproché. Plus de doute, on est à leur recherche.

En effet, les voix se rapprochent de plus en plus, et enfin elles entendent distinctement ces paroles : « Si vous êtes encore en vie, parlez, faites quelque mouvement. »

La mère et la fille, quoique épuisées, se mettent à crier de toutes leurs forces; la mère fait mouvoir un pied qui était moins comprimé que tout le reste du corps : le mouvement est aperçu, elles sont sauvées!

Nous trouvons dans l'*Union méridionale* une lettre dans laquelle M. de La Rohêllerie raconte le dramatique épisode dont il a été à la fois un des témoins, et aussi, disons-le, un des héros. Nous en extrayons les lignes suivantes :

« La nuit était obscure ; le silence n'était interrompu que par le bruit sinistre des maisons qui s'écroulaient et les cris lamentables des malheureux engloutis sous les décombres. Le père Athanase s'était mis en prière sur un balcon. De toutes les fenêtres, mille voix émues donnaient la réponse aux litanies de la Vierge.

» Toute la famille Wolfar, composée de Mme Wolfar (née Guiraud), de deux demoiselles, de Mme Guiraud mère, d'une jeune parente et d'une vieille domestique : total 7 personnes, étaient en prières dans le salon. — Onze heures viennent de sonner ; je vois les tableaux et les glaces faire un mouvement, des craquements se produire dans les cloisons et les plafonds. Je me précipite dans l'escalier où je constate une énorme lézarde ; j'appelle M. Wolfar, qui me rejoint avec sa jeune parente et sa domestique. Au même instant, un épouvantable craquement se fait entendre, et je me sens entraîné dans le vide au milieu d'un tourbillon de plâtre, de briques, de poutres. — Quand je repris mes sens, j'étais couché sur le dos, recouvert jusqu'au cou par des matériaux : ma tête était comprimée comme dans un étau par deux pièces de bois, mes jambes engagées sous une poutrelle, enfin le poids de plusieurs grosses briques oppressait ma poitrine — mais j'étais vivant. Il n'en était pas de même du malheureux M. Wolfar, dont la tête broyée reposait sur mon épaule ; la jeune fille était engagée au-dessous de moi et poussait des gémissements, appelant la mort et la fin de ses souffrances. Quant à la servante, elle était libre de ses mouvements dans une espèce de niche formée par une partie de l'escalier et une poutre arc-boutée contre le mur des Carmes.

» Il fallait à tout prix sortir de cette position : je ne perdis pas une minute mon sangfroid. M'adressant à la servante : « Essayez de me dégager, lui dis-je, et je
» réponds du salut de tous. » J'avais pu m'emparer d'une latte de toiture : « Ecoutez le bruit (nous étions
» dans l'obscurité la plus profonde) et soulevez chaque
» pierre que je frapperai de mon bâton. » La malheureuse avait le bras gauche cassé, elle parvint néanmoins à déplacer trois rangs de brique que j'avais sur la poitrine. Puis vint le tour des jambes. Une fois à peu près dégagé, je m'arc-boutai contre la poutre et je parvins à m'établir dans la petite niche dont j'ai parlé plus haut. Mon premier soin fut naturellement de rendre service à ma compagne, le service que je lui devais, et, Dieu merci, elle n'avait rien de cassé. Nous restâmes à peu près deux heures dans cette position, attendant la catastrophe finale. Il s'opérait autour de nous des tassements de mauvais augure : des parties

des maisons restées intactes s'écroulaient à chaque instant. Enfin le mur auquel s'appuyait la poutre protectrice se lézardait à vue d'œil et laissait tomber à chaque instant des plâtras. C'est à ce moment que j'entendis au-dessus de ma tête des prières et des cantiques chantés par des voix de femmes : c'étaient les autres membres de la famille Wolfar, miraculeusement conservés.

» Voici ce qui s'était passé à leur égard. — Ainsi que je l'ai raconté, la cage de l'escalier communiquant avec le salon s'était effondrée, entraînant à sa suite l'étage supérieur ; les membres de la famillle Wolfar, groupés autour de la cheminée, étaient restés comme suspendus dans un espace de deux mètres environ, soutenus par une poutre maîtresse appuyée sur un mur qui avait resté. A chaque instant de nouveaux éboulements se produisirent autour de nous, nous dûmes attendre le petit jour dans cette horrible position. Enfin, nous entendîmes quelques voix dans la rue : « Au secours ! » Sauvez-nous ! sauvez-nous ! criaient les malheureuses » femmes. » Mais on ne savait où nous trouver. Je me décidai alors à entreprendre le voyage à travers les décombres. Rampant comme un renard, la plupart du temps à plat-ventre, je parvins à gagner la rue où les ruines des deux maisons avaient formé comme un promontoire au-dessus des eaux, dont le niveau avait baissé considérablement. Je trouvai là deux braves ouvriers dont j'espère pouvoir bientôt donner le nom. Il nous fut, grâce au jour, facile de trouver un chemin beaucoup plus facile que celui que j'avais suivi. Six fois nous fîmes l'ascension, ramenant un membre de la famille. Tout le monde était sauvé, le père Bazile nous donna la bénédiction et nous pûmes joindre nos prières aux siennes pour remercier le bon Dieu de sa protection miraculeuse.

J'aperçus bientôt un bateau-ponton d'artillerie qui remontait le courant. Je me précipitai à sa rencontre, ayant de l'eau jusqu'aux aisselles, et je le dirigeai vers les malheureuses femmes que j'amenai, à moitié mortes, aux pieds du général de Salignac-Fénelon qui donna l'ordre de les transporter dans une prolonge d'artillerie jusqu'à l'hôpital militaire.

J'ai nommé le R. P. Basile, supérieur des Carmes à Toulouse.

Qu'il me soit permis de raconter ici ce qui s'est passé dans cette maison qui n'offre plus, hélas ! à cette heure, que des ruines.

Le 23 juin à 3 heures du soir, l'eau arrive par la barrière St-Cyprien ; dans la rue de Bayonne, le premier flot est à la porte des Carmes, numéro 60 ; dans toutes les maisons on barricade les portes ; mais en moins de dix minutes l'eau est montée d'un mètre. Les carmes qui étaient venus à la porte de leur maison pour y établir une chaussée, voyant l'inutilité de leurs efforts, se précipitent dans leur couvent pour sauver les ornements et les vases sacrés, les saintes espèces sont portées à la hâte au premier, à la bibliothèque. Puis, convoqués par le P. Basile, leur supérieur, ils descendent dans le jardin. Rester là était impossible ; du levant et du couchant on est envahi ; le mur mitoyen Bernady-Massabiau est emporté par l'eau qui vient du Sud-Est ; le petit mur de terre Trabuc est aussi renversé par le flot.

On demande aux voisins, les Sanarens, s'il y a plus de sûreté chez eux que chez les carmes. « Non, nous sommes envahis, nous périrons. » Toute cette famille composée de cinq personnes est aujourd'hui sous les ruines de la maison écroulée.

Voici en quels termes le P. Carme, à qui j'ai demandé des renseignements, continue son récit.

« Le R. P. Basile nous convoque pour consommer les saintes espèces. Puis il nous dit : « Mes amis ! comment nous sauver ? faites chacun ce que vous pouvez, moi je reste ici... » Le R. P. Philippe et le F. Paulin franchissent le mur du nord, et s'enfuient chez M. Perussan. J'appelle le P. Emmanuel, le P. Fabien, le F. Nicolas, F. Philippe (1), la famille Bonnefond, composée de quatre personnes, et nous remontons au premier de notre couvent. Nous avons de l'eau jusqu'à la ceinture. Au fond du corridor, qui longe à l'ouest notre chapelle, j'avise une petite ouverture en demi-lune, je casse un carreau et j'appelle M. Domecq et M. Wolfar. M. Domecq et les demoiselles Wolfar me disent que nous pouvons, en sautant sur le toit d'un petit caveau qu'ils ont dans

(1) Le R. P. Antonin était absent.

leur cour, atteindre le mur de la cour de notre chapelle et par la fenêtre rentrer ou chez nous ou chez eux. J'avertis le R. P. Bazile, et, au moyen d'une très longue échelle, qui se trouve heureusement dans le corridor, nous franchissons l'espace et nous rentrons dans notre maison de la rue de Bayonne. Il est cinq heures environ, l'eau roule comme un fleuve dans ce malheureux quartier où tous, du côté de la Patte-d'Oie, nous voyons tomber les plus hautes maisons qui s'écroulent, projetant un nuage de poussière.

Le R. P. Basile prend son chapelet, fait un appel à toute la population des maisons voisines, rue de Bayonne, et nous récitons trois dizaines. Ensuite on fait le vœu d'aller à Notre-Dame de Lourdes si nous sommes sauvés.

Le R. P. Basile dit : « Mes amis, vous le voyez, il n'y a de recours qu'en Dieu : faisons le vœu d'aller à Lourdes si nous sommes sauvés. » Une seule voix répondit : *oui!* Sans doute, l'émotion empêchait de parler. Je fais un second appel : « Mes amis, mes amis, tous, levez la main ; faites le vœu, vous serez sauvés. » Tous les bras, toutes les mains se levèrent...

Il nous sembla que l'eau avait baissé de 10 centimètres environ. Mais bientôt l'eau qui franchissait le cours Dillon remonta le niveau de façon à soulever le plancher des entresols.

C'était fini, la nuit était venue. Nous nous confessâmes, pères et frères, et tous les membres des familles qui étaient avec nous. On donna une dernière absolution générale, puis de nouveau nous récitâmes ensemble le chapelet, ensuite l'office de saint Jean-Baptiste. Cet office terminé, Mme Garrigue, qui avait rempli à notre égard tous les devoirs de la plus exquise charité, offrant à chacun vêtements, vivres, etc. demande au R. P. Emmanuel, son confesseur, de vouloir bien l'entendre. Ils entrèrent dans la chambre à côté,

En même temps le Père Basile nous appelle au premier. « Mes amis, la maison tremble ; vite au premier! c'est plus solide, nous y serons en sûreté... — Mais, notre Père, nous recevrons les poutres, montons plutôt sur le toit... » Le Père avait entraîné le plus grand nombre avec lui.

Nous fûmes ainsi séparés ; peut-être heureusement ! Mais il faut le dire, Dieu seul nous a sauvés. Les uns étaient dans la cuisine du premier qu'avait jadis occupée M. Brun ; il y avait là le R. P. Basile, le P. Fabien, le frère Nicolas, le frère Philippe, M. Domecq et sa femme, Bonnefond, sa femme et ses deux enfants. Au-dessus, dans le cabinet de travail où M. Garrigue avait une charmante collection de peintures, ses valeurs et ses mémoires, j'avais avec moi M. Valéry et sa femme, sa domestique et leur jeune nièce de 14 ans. A peine y étions-nous, qu'un craquement se fit entendre, suivi d'un bruit sourd, puis une voix, celle du P. Emmanuel, criant : « Des cordes ! jetez-nous des cordes !... » Nous n'en avions point ..... Un instant de silence me permit d'aller voir ce qui était arrivé : j'entr'ouvris la porte de la chambre, où le P. Emmanuel confessait Mme

Garrigue ; le plancher avait cédé : ce n'était plus qu'un gouffre affreux béant sous mes pieds. A ce moment, il me sembla qu'un coup de tonnerre éclatait sur ma tête, que la foudre était tombée sur le toit accompagnée d'une grêle énorme. Je m'enfuis épouvanté dans le cabinet de M. Garrigue... La cage de l'escalier et toute la portion ouest de la maison s'écroulait, aussi bien que la maison Wolfar... J'entendis les demoiselles Wolfar crier ensemble : « Papa, où êtes-vous ? Maman, maman, ma chère Maman, où êtes-vous ? » Nous avions tous le cœur navré.

« Père Athanase, me cria le R. P. Basile, allez voir si on peut encore descendre, et venez ici..... » C'était impossible ; un vide affreux s'était fait autour de nous. Valéry, sa femme et sa nièce passèrent pendant ce temps par la petite alcôve de M. Garrigue, dans la chambre à coucher au nord du cabinet de travail. « Malheureux ! leur criai-je, revenez ici, revenez ! Ici, la maison est appuyée au levant. Je pus les faire asseoir et les appuyer au mur de la maison Gampech. Ce fut alors que tomba le reste de la maison, moins le cabinet Garrigue, où Dieu nous a sauvés, après avoir taillé la maison autour de nous comme avec un ciseau. On peut le voir encore.

Au bruit de cette nouvelle catastrophe, le R. P. Basile m'appela : « Père Athanase, êtes-vous encore ici ? — Mais oui, au-dessus de vous, et si je tombe, ce sera sur vos épaules... Appelez du secours... » Peine perdue : ni M. Wolfar, ni M. de la Rhoëllerie, qui étaient sous les ruines, ne nous entendaient. Mlle Amélie me répondit : « Papa est mort, maman blessée..... » A ce moment, un brave jeune homme dont nous n'oublierons jamais le nom, Cyprien Eustache, employé d'une maison voisine et qui s'était retiré au n° 58, à côté de nous, sauta d'une fenêtre sur le bas-côté de notre église, (il n'était encore que 3 heures et demie du soir, les éboulements avaient commencé chez nous à 9 heures 10). « Venez chez nous, s'écria-t-il; notre maison est solide, bien bâtie à chaux et à sable sur voûte.... venez, vous serez sauvés. — Oui, mais comment faire ? Pas d'échelle, et nous sommes séparés de vous par une cour de 12 à 25 mètres de large. »

Ce jeune homme s'avança résolûment pour voir si dans la cour il n'y avait pas quelque échelle... Là, il aperçoit le mur de la maison étayé par le mur de la cour. Il s'y hasarde et passe à califourchon jusqu'à un mètre de la fenêtre du premier, où était le R. P. Basile, avec tous les autres. Il aida chacun à passer, les conduisant et les tirant les uns après les autres, faisant autant de voyages qu'il y avait de personnes. Mais il fallait sauver ceux du troisième étage.

La nièce de M. Valéry en donna le moyen. « Je veux descendre, je veux passer, criait-elle : voici un drap, mon père, tenez le bout; je ne suis pas lourde; ce monsieur en bas me recevra et je serai sauvée. » Le drap était court. Des embrasses des rideaux, je fis double cordage qu'on attacha solidement au garde-fou. J'aidai alors les quatre personnes de la famille Valéry à descendre par ce périlleux passage et je suivis ensuite le même chemin. Ce fut vite fait.

« Certes! mon père, vous êtes leste, vous, du moins, et ne me donnez guère de peine, » nous dit le sauveteur.

A onze heures quarante du soir, nous étions dans la maison la plus solide du quartier. Pourtant nous tremblions encore. De toutes parts nous entendions tomber avec fracas les maisons. C'est un bruit affreux, qui ressemble au bruit prolongé du canon. Des cris d'effroi se font entendre auprès de nous. Par trois fois, un homme jette au vent cette voix lamentable : « Je meurs! Je meurs! Je meurs!... » J'envoie l'absolution à cet infortuné. A trois heures du matin, notre église s'écroule... Autour de nous, dans la rue de Bayonne, on a compris; un long cri : « Ah!... » vient jusqu'à nous et nous dit combien est aimée la chapelle Saint-Joseph des Carmes déchaussés,

La chute de cette chapelle nous fit songer sérieusement à quitter la maison où nous étions. Plusieurs hommes qui s'y trouvaient avec nous, voyant les eaux décroître dans la rue, crurent ne pouvoir mieux assurer leur vie contre la crainte d'être ensevelis sous de nouvelles ruines, qu'en se retirant sur l'îlot formé au milieu de la voie publique par les décombres énormes de notre maison. Ils y descendirent de l'entre-sol, au moyen d'une échelle. A quatre heures, nous les rejoignîmes. M. de la Rhoëllerie s'y trouvait avec Mme Wolfar et ses filles. Bientôt les soldats apparurent au bout du Pont avec des barques. Les uns les conduisaient au sauvetage des personnes qui se trouvaient aux premières maisons; d'autres se jetèrent à l'eau et passèrent la place du Chairedon, qui nous semblait le point le plus dangereux. Aussitôt le R. P. Basile proposa de nous retirer en ville par la rue encore pleine d'eau. « Jetons-nous à l'eau, dis-je alors à M. de la Rhoëllerie. » D'un geste, le noble chevalier me montra les dames Wolfar. « Je ne puis abandonner mes sauveurs. — Très-bien, Monsieur, lui dis-je... » Mais le R. P. Basile se jeta à l'eau avec les autres religieux, pour aller quérir les barques et faire sauver plus vite, s'il était possible, les enfants et les femmes qui étaient avec nous sur les décombres. Dès que l'une de ces barques fut à quelque distance de nous, M. de la Rhoëllerie se mit à l'eau avec les dames Wolfar et la barque les reçut. Pour moi, je trouvai bon de la remorquer jusqu'au pont. N'oublions pas que M. Lafforgue, serrurier, s'occupait depuis le commencement, avec un dévouement absolu, du sauvetage des personnes de l'autre côté de la rue. Je ne puis dire le nombre de ceux qui lui doivent la vie, mais il est très grand, et on ne pourrait jamais assez recommander ce courageux citoyen, digne de toutes les récompenses.

Qu'était devenu le R. P. Emmanuel ? Nous l'avons cru mort et noyé, enseveli sous les ruines de la maison n° 60 de la rue de Bayonne. Nous ne fûmes tirés de notre erreur que dans l'après-midi du jeudi 24, par les soins d'une sœur de charité qui nous fit prévenir. J'en avisai immédiatement le R. P. Basile. Voici ce qui était arrivé à notre sympathique bon Père. Je lui ai fait raconter ce soir tous les détails de sa merveilleuse évasion pour ne rien dire qui ne soit l'expression rigoureuse du vrai :

— A peine étais-je entré dans la chambre pour confesser Mme Garrigue que je la fis mettre à genoux à terre, de façon qu'elle fût séparée de moi par la grille de son prie-Dieu. Il me plaisait d'observer même en cette presse les saints usages de l'Eglise.

A peine avait-elle commencé sa confession, que le plancher manqua sous nos pieds et nous nous trouvâmes en un clin d'œil précipités au fond de l'eau. Mme Garrigue me criait : « Père Emmanuel, où êtes-vous ? Donnez-moi l'absolution ; l'absolution, Père Emmanuel !
— Je vous la donne... acte de contrition. » Je vois la pauvre dame tourbillonner un instant, frénétiquement attachée à son prie-Dieu... Je ne sais si elle a été entraînée comme moi ou si elle est sous les ruines.

Une poutre d'environ un mètre cinquante centimètres de long sur quarante centimètres de carré me toucha sur le crâne comme j'étais déjà quelque peu enfoncé dans l'eau. Je pense que le coup fut un peu amorti ; car ce soliveau était de poids à m'assommer. Je ne crains pas l'eau, et je sais nager. Je remontai à la surface et je rencontrai encore mon soliveau. Cette fois je m'en saisis ; je le poussai vigoureusement au large, pendant que tout croulait autour de moi avec un fracas qui ressemblait aux éclats du tonnerre.

Le courant m'emporta je ne sais où. J'entendis tout le monde aux fenêtres s'écrier : « L'eau l'emporte, l'eau l'emporte! » Personne ne pouvait me secourir. Tout le monde criait. Je ne sais pas le nom des rues par où je passai moitié nageant, moitié me laissant porter par le courant et mon soliveau. Qui me rendra ce cher soliveau? Je l'aime, j'en ferais ma planche de salut et mon oreiller. Attendez que je sois mieux... s'il est encore à la Grave, je le reconnaîtrai !

Enfin, je passai par une petite rue très étroite qui passe auprès de l'église Saint-Nicolas ; puis je me trouvais dans un clos où il y avait quelques arbres. Je ne voyais plus les maisons. Il faisait noir. Je grelottais. J'avais peur de mourir de froid, mais pas de me noyer.

Le courant me portant où il voulait, j'arrivai près d'une maison où j'aperçus, à portée de main, une sorte d'étrier en fer. Je m'y accrochai, et en même temps je me trouvai le pied reposé sur un autre point d'appui de même nature. Je me fixai là solidement, toujours maintenu par mon soliveau. Une poutre vint se glisser entre le mur et moi. Je penchai la tête en arrière, et je reposai là tranquillement, priant toujours et ne songeant qu'à nos pères et frères que je croyais morts.

Le matin, vers 7 ou 8 heures, je m'aperçus que les eaux avaient baissé beaucoup. Je cherchai à prendre pied, et passant par dessus un petit mur, je me dirigeai vers une statue de la Sainte-Vierge qui se trouvait dans la cour. J'étais à la Grave. « C'est vous, ma bonne mère, qui m'avez sauvé. » J'appelai les sœurs de charité à mon secours. M'ont-elles entendu? Je ne le crois pas. J'étais si faible! Mais elles me virent, et aussitôt deux pauvres de l'hôpital vinrent à mon secours, appuyés comme moi sur un bâton, ils me prirent chacun par un bras et me sauvèrent.

A l'hospice de la Grave, je reçois les soins les plus empressés de la part des bonnes sœurs et des médecins; mais j'étais si faible que je ne devais pas dire grand'-chose. Quand je pourrai aller tout seul, ma première visite sera pour la Grave.

Tel est le récit du sauvetage de notre cher Père Emmanuel. Depuis lors sa santé s'améliore et nous espérons que bientôt il accomplira son bon désir.

CHAPITRE III

Visite aux décombres.

L'eau a commencé de quitter les principaux quartiers : elle rentre dans son lit et roule majestueusement ses flots jaunâtres : elle semble toute fière d'avoir si bien rempli sa mission. Pénétrons, les pieds couverts d'une vase épaisse et infecte, dans les principaux quartiers qui étaient transformés naguère en un immense océan.

La plupart des rues du Faubourg Saint-Cyprien n'existent plus ! Figurez-vous le spectacle d'une mer dont les vagues seraient formées par des débris de toute sorte, poutres, pans de murailles, lits, tables, chaises, ustensiles de ménage, le tout tordu, brisé, broyé, enchevêtré, pêle-mêle, dans un inexprimable et lamentable désordre ; cela forme des entassements de la hauteur d'un premier et d'un second étage au milieu de la rue : à la place des maisons, le vide et des trous béants. Montez sur plusieurs de ces maisons écroulées et là, à travers les interstices, vous entrevoyez des cadavres d'hommes, de femmes, d'enfants, broyés, défigurés, écrasés sous les ruines !!! Les rues sont défoncées jusqu'à deux mètres de profondeur à certains endroits ; une vase épaisse d'une hauteur de cinquante centimètres est restée partout où l'eau était passée ; les jardins, les moindres recoins, les culs-de-sac sont envahis par des cadavres d'animaux de toute sorte et malheureusement, hélas ! des cadavres d'hommes !

Nous avons vu une femme portant sous chaque bras un enfant mort ; elle les avait ainsi tenus toute la nuit, préférant se noyer que d'abandonner les cadavres de ses chers petits. Une autre pressait sur son sein un enfant de quelques mois, mort de faim et de froid. D'autres inondés sont devenus complètement fous ; d'autres idiots, ne comprenant plus rien à ce qui se passe autour d'eux. C'est quelque chose d'affreux et de navrant.

Ici nous avons été saisis par le spectacle offert par un séminariste. Ce jeune homme était là armé d'une pioche creusant d'une main ferme et résolue au milieu des décombres. A la tristesse répandue sur son visage, nous comprîmes qu'il cherchait des dépouilles chéries. C'était, en effet, le corps de son père, de sa mère et d'une sœur bien-aimée que cherchait ce pauvre enfant. Ses recherches eussent été infructueuses s'il avait été seul à fouiller dans ce tas de ruines amoncelées. Par bonheur quelques soldats se présentèrent, parmi lesquels on distinguait M. Jacques de Brésillac, et ensemble ils parvinrent à découvrir le corps de la jeune fille, M`lle` Calvet, âgée de 28 ans, qui venait d'obtenir le diplôme d'institutrice. C'était le seul membre de la famille qui eût péri, les autres avaient pu se sauver pendant l'inondation. Cette malheureuse jeune fille a été victime de son dévouement filial. Elle était sortie de la maison, lorsque dans la confusion elle n'a pas pu retrouver sa mère, qui était sauvée de son côté. Au moment où elle allait entrer dans la chambre du premier étage, la dernière marche de l'escalier sur lequel elle se trouvait s'est écroulée, et toute la maison est tombée avec un bruit effroyable sur la malheureuse enfant. — Plus loin, c'est un vieillard accablé par les ans et la fatigue, accroupi sur un pan de mur, égrenant les grains d'un vieux rosaire en l'honneur de Celle, dit-il, qui l'a sauvé. Plus loin c'est un jeune homme saisissant le portrait de sa mère mourante que les flots en furie n'ont osé emporter. Là c'est un enfant qui caresse le petit chien du foyer domestique qui est resté fidèlement cramponné sur une poutre, auprès de son berceau, pendant tout le temps de l'inondation. A chaque pas ce sont de malheureuses victimes atterrées par l'effroi causé par cette nuit affreuse, exténuées de fatigue, remuant les décombres, visitant leurs demeures dévastées et recueillant les épaves abandonnées par les eaux. — Poussons maintenant jusqu'à l'extrémité de la Patte-d'Oie et de la Croix-de-Pierre. Le spectacle de ces ruines est plus navrant encore que celui des rues du côté du Pont. Du côté de la rue de Cugnaux notamment, il n'y a peut-être pas vingt maisons debout. Tout est écrasé, noyé, les jardins disparaissent sous une couche d'eau boueuse de cinquante centimètres. Des odeurs fétides se dégagent de ces marais où surnagent des loques, des débris de matelas, de paillasse, des végétaux à moitié pourris.

Les malheureux inondés enlèvent la vase de leurs maisons et l'entassent sur le seuil; il y en a jusqu'à deux mètres de haut. Ils font ensuite sécher leurs hardes à moitié déchirées et couvertes d'une boue noirâtre. Les travailleurs sont presque aussi sales que leurs maisons et au milieu de ces landes, couvertes de débris — car ces quartiers ont été convertis en véritables landes — on croirait assister à une scène de l'enfer.

Nous sommes entrés ensuite dans le cimetière de Saint-Cyprien, autrement dit de *Rapas*: c'est épouvantable! A chaque tombe la terre s'est tassée, il y a un effondrement plein d'eau; les croix de bois qui marquaient la place des pauvres sont emportées; les cyprès sont couchés ou brisés par les courants. Les grands caveaux sont démolis et pleins d'eau; les bières surnagent comme des bateaux. Il y en a d'autres éparses dans le jardin; nous en avons vu une qui se dresse toute droite, les pieds en haut, à moitié sortie de sa funèbre demeure: Jusqu'aux morts qui ont été troublés dans leur dernier sommeil !

Une poutre énorme, d'au moins cinquante centimètres de circonférence, a brisé quatre ou cinq cyprès, a renversé deux ou trois grands caveaux et a été s'arrêter en travers, sans la déplacer seulement, contre une petite croix de pierre mince comme un fil.

Un petit charriot à bras, à moitié envasé et sur lequel est attaché un sac, se promène sur un tombeau. Une armoire gigantesque a été s'adosser contre un autre caveau et semble placée là exprès. Derrière une tombe, s'épanouit pleine de fraîcheur une petite plante sur le bord d'un énorme trou.

Marchons toujours, traversons d'énormes murs de clôture en maçonnerie renversés sur une longueur de 7, 8 et jusqu'à 20 mètres ; une grande maison se dresse brisée par le milieu comme celle de M. Groc, sur l'allée de la Garonne, que le génie et l'artillerie travaillent à faire tomber avec de la dynamite. Plusieurs pétards éclatent sans résultat et ne font crouler qu'un large pan de cette vaste façade ; on espère cependant la renverser avant la nuit.

A un troisième étage une cheminée est restée debout toute garnie, le foyer s'est effondré ; sur le rebord supérieur, à côté de la pendule, un chat se pourlèche tranquillement.

Ailleurs, une cage est restée accrochée sous un toit, au ras du mur écroulé ; un oiseau gazouille encore dedans et saute en piaillant d'un barreau à l'autre.

A l'entrée de la rue des Teinturiers, dans la manufacture de M. Châlons, tout à fait au haut du mur intérieur, au-dessus d'un immense tas de décombres, est fixée encore une grande toile peinte représentant la

Vierge-Mère avec le cadavre sanglant de son fils Jésus-Christ sur ses genoux après la descente de croix.

Cette image semble placée là par un hasard miraculeux pour dominer cette scène d'horreur qui règne aux alentours et montrer aux hommes que le fils de Dieu lui-même souffrit les plus horribles tourments et mourut pour nous sur la croix !...

Plus loin, dans la même rue, un ouvrier cherche des harnais à l'endroit même d'où on a retiré quarante-deux cadavres. Le propriétaire de la maison voisine nous fait remarquer que des quatre maisons environnantes, la seule qui s'est horriblement écrasée est celle où tous les malheureux voisins avaient cherché un refuge.

Une puanteur intolérable s'exhale de ce quartier où étaient tant de chiffonniers. Les ballots de vieux chiffons gisent par centaines dans la rue, ruisselants encore d'une eau fétide. On a été obligé d'y verser plusieurs tonneaux de chlore et d'autres désinfectants.

L'allée de Garonne est ravinée d'une façon indicible. Les tuyaux de conduite du nouveau Château-d'Eau apparaissent par intervalles entièrement à nu.

La place du Ravelin n'est qu'un amas de décombres où campent des familles entières de *Gitanos*, qui habitaient ce quartier. La rue des Fontaines n'existe plus et est remplie par une masse de décombres.

A chaque instant, les fourgons d'artillerie emportent de nombreux cadavres de chevaux. Les voitures des ambulances emportent dans des bières les morts que l'on retrouve.

L'armée travaille partout avec une énergie qui ne se dément point. Les soldats disparaissent dans les caves ou grimpent aux faîtes des maisons pour arracher à l'écroulement inévitable qui se produira bientôt les débris des pauvres mobiliers qui constituent tout l'avoir d'une foule d'inondés. On les voyait mercredi nager dans l'eau jusqu'au cou pour sauver des vieillards et des femmes; on les voit aujourd'hui travailler, dans la boue fétide jusqu'aux reins, pour sauver les épaves de ce grand naufrage. Le spectacle de ces déménagements et de ces fouilles est presque aussi désolant que la vue du faubourg inondé.

Plus on va et plus on se rend compte du désastre. nous ne voulons ni n'osons compter les morts, dont on ne saura jamais la terrible liste, mais nous pouvons calculer la ruine et la dévastation. Tout l'or de la France l'effacera-t-il? Il faut que les femmes les plus pauvres filent leur lin pour les inondés et que les bourses des riches coulent à pleins bords. La moisson de la charité ne pourra égaler la grandeur du désastre, mais nous espérons — et chaque jour nous confirme la générosité de la France entière, — qu'à défaut d'aisance et de confortable, les malheureux pourront manger du pain, grâce à l'argent donné par les cœurs généreux, si nombreux dans notre infortuné pays!

CHAPITRE IV.

Traits de Dévouement.

Oui, les malheureux auront du pain pour apaiser leur faim, des meubles pour renfermer leurs vêtements en lambeaux et leurs nouveaux costumes offerts par la charité ; une demeure, enfin, pour abriter leur famille ; car de tous côtés se fait entendre une voix implorant du secours, la voix de la charité. A Toulouse, c'est d'abord ce digne magistrat qui gouverne cette ville avec tant de fermeté, de prudence et d'habileté, M. le baron de Sandrans, préfet de la Haute-Garonne, qui vient d'adresser à ses administrés la circulaire suivante :

« Habitants de la Haute-Garonne,

» De grands malheurs viennent de fondre sur cette contrée ; nos rivières ont débordé et, en atteignant un niveau inconnu depuis plus d'un siècle, ont couvert de ruines une région immense qui offrait, il y a peu de jours encore, le spectacle de la richesse, de l'activité et donnait les espérances d'une récolte exceptionnellement abondante.

» La ville de Toulouse a été cruellement frappée ; une grande partie du populeux quartier Saint-Cyprien n'existe plus ; des centaines de maisons écroulées, plus de cinq mille habitants demeurés sans ressources, plus de deux cents personnes noyées ou écrasées sont les témoins de l'effroyable cataclysme qui vient de frapper cette cité.

» Dans la campagne, aux environs de Toulouse, dans les arrondissements de Muret et de Saint-Gaudens, plusieurs centres de population ont été détruits ; de quelques-uns, il ne reste plus rien et des familles sans nombre sont aujourd'hui dans le dénûment le plus affreux, sans abri, sans vêtements et sans ressources pour s'en procurer.

» Le fléau a atteint également les départements voisins. Les secours de l'État sont impuissants à réparer de tels malheurs, surtout dans les circonstances où se trouvent les finances. Aussi, et de tous côtés des souscriptions publiques s'organisent en faveur des départements inondés.

» A Paris, Mme la maréchale de Mac-Mahon a daigné se mettre à la tête d'un comité général auquel déjà les dons arrivent avec abondance. Mais il y a aussi de grands devoirs à remplir pour ceux qui dans notre département ont été épargnés. C'est à eux que je m'adresse avec la confiance la plus absolue. Je fais appel à leur charité si connue et je sais que je ne l'invoquerai pas en vain.

» Un Comité central départemental est formé à Toulouse pour recevoir et distribuer des dons en argent et en nature.

» Ce Comité est ainsi composé :

Président d'honneur.

S. G. Mgr l'Archevêque de Toulouse.

Président:

Le Préfet de la Haute-Garonne.

Vice-Présidents.

Le Président du Conseil général.
Les deux Vice-Présidents de cette Assemblée.
M. l'abbé de Pons, vicaire général.
M. le vicomte Toussaint, maire de Toulouse.

Membres.

MM. Lasvignes, Monnié, Montané, de Viso, Charles Niel, conseillers généraux.
l'Archiprêtre de la cathédrale.
Docteur Balut.
Docteur Bonnemaison.
Boutan, avoué à la Cour d'appel.
Ph. du Bourg.
Courtois de Viçose, banquier.
Goux, curé doyen de Saint-Sernin.
Général de division vicomte de la Hitte, grand'-croix de la Légion d'honneur.
Langlade, président de la Chambre de commerce de Toulouse.
Olivier, propriétaire à Saint-Cyprien.
Ozenne, président du tribunal de commerce de Toulouse.

Comte Fernand de Rességuier, conseiller municipal à Toulouse.

le général de division Rippert, grand officier de la Légion d'honneur.

Paul de Sahuqué.

Vaïsse-Cibiel, propriétaire.

Vieu, adjoint au maire de Toulouse.

Trésorier.

M. le comte Bégouen, trésorier-payeur général de la Haute-Garonne.

Ce Comité, qui a pour but de venir en aide aux efforts de la charité individuelle et de régulariser son action, se mettra en rapport avec les comités locaux qui se sont formés ou qui se formeront dans le département pour recueillir des souscriptions.

» Il prendra toutes les déterminations qui lui paraîtront utiles pour assurer la distribution la plus éclairée et la plus prompte des secours en argent ou en nature qui lui seront adressés.

» Toulouse, le 28 juin 1875.

» *Le Préfet de la Haute-Garonne,*

» Baron de SANDRANS. »

A Bordeaux, c'est la voix de l'infatigable métropolitain le cardinal Donnet, ce prince de l'Eglise qui a une larme pour toutes les douleurs, une aumône pour toutes les infortunes qui vient implorer du secours, dans les termes les plus pathétiques :

« Nos très chers frères,

» Une inondation qui n'a pas de précédent dans nos annales, couvre les riches vallées du Sud-Ouest de la France depuis les Cévennes et les Pyrénées jusqu'à Bordeaux.

» Un nombre incalculable de terres sont dévastées par le courroux des éléments ; un grand fleuve et tous ses affluents mêlent leurs flots, sortent de leur lit et emportent dans leur course des bourgs, des récoltes et le sol même ; plusieurs villes sont submergées, des milliers de maisons abattues et entraînées ; enfin de trop malheureuses familles restent sans abris, sans vêtements, sans moyen de travail, livrés à la piété publique ou au désespoir.

» Impossible de se faire une idée de pareils désastres, à moins d'en avoir le lamentable tableau sous les yeux. Les regards ne plongent plus que sur des lieux de désolation.

» Sur les rives de la Garonne, du Tarn, du Lot, du Gers, de l'Adour et de l'Ariége, il n'y a plus qu'une morne solitude, un véritable chaos ; les maisons qui sont restées debout au milieu des eaux sont désertes, car la mort a établi sa demeure dans un grand nombre ; partout un affreux silence qui n'est interrompu que par le mugissement des vagues se brisant avec fureur contre les obstacles qu'elles rencontrent, ou par le tocsin qui retentit du haut des clochers de tous les villages. Où trouver un spectacle plus lugubre ou plus déchirant ?

» Et ce sont, nos très chers frères, plusieurs départements, nos voisins, qui ont souffert de ces épouvantables dévastations : la Haute-Garonne, l'Ariége, les Basses et les Hautes-Pyrénées, les Landes, l'Aveyron, le Tarn, le Lot, le Gers, le Lot-et-Garonne, une partie de la Gironde comptent de grands désastres, inégaux sans doute, mais tous difficiles à réparer.

» En présence de pareilles infortunes, il n'est personne qui ne se sente profondément ému. Mais que serait une pitié stérile pour les malheureux que ce fléau vient de jeter dans le plus affreux dénûment ? Ne nous bornons pas à gémir sur tant de maux, cherchons à les soulager : un temps sera peut-être où nous aurons à implorer l'assistance de ceux que nous voulons secourir aujourd'hui. Ce n'est pas une aumône comme on la fait tous les jours que nous demandons à nos chers Bordelais, car il ne s'agit pas de réparer des désastres ordinaires : c'est tout un abîme à combler.

» Avant de faire votre offrande, transportez-vous par la pensée, nos très chers frères, dans ces campagnes et dans ces cités, hier encore florissantes, et au milieu desquelles ne flottent plus que des débris. Combien de familles désolées viendront chercher leur foyer domestique et n'en trouveront plus de trace ! Combien de pauvres mères redemanderont leurs enfants aux ruines qui les ont engloutis, aux vagues qui les ont entraînés !

» Toutes les classes doivent prendre part à cette œuvre secourable : le pauvre par sa modeste offrande, le riche surtout en payant un large tribut.

» Toulouse se glorifiait de l'inépuisable charité de ses habitants, et jamais elle n'a failli à sa sublime mission. Que Bordeaux se montre comme toujours la ville compatissante et généreuse ; qu'elle prouve à sa noble et malheureuse sœur des bords de la Garonne qu'elle sait comprendre les grandes infortunes et les secourir.

» M. le Président de la République, ainsi que les Ministres de l'Intérieur et de la Guerre sont à Toulouse. M. le Préfet parcourt l'arrondissement de la Réole et j'irai demain dans celle de nos paroisses qui a le plus souffert dire la messe et visiter les familles.

» Notre présente circulaire sera lue demain dimanche dans les églises de Bordeaux, et suivie d'une quête à tous les offices. Nous nous empressons en même temps de faire savoir qu'une souscription à la tête de laquelle figurent M. le Maire et son Conseil municipal est ouverte à la Trésorerie générale et au secrétariat de notre archevêché.

» † FERDINAND CARDINAL DONNET

Bordeaux, le 26 juin 1875.

A ces deux voix illustres qui ont les premières sollicité des secours en faveur de nos infortunées victimes sont venues se mêler les voix de nos évêques, de nos chefs civils et militaires, la voix de M. le

Ministre lui-même. Un si légitime appel n'a pu que rencontrer l'écho le plus sympathique dans tous les cœurs. Aussi à la première nouvelle de cet épouvantable désastre, du fond de son cachot du Vatican, le bon, le miséricordieux, l'immortel Pie IX envoie 20,000 francs pour les victimes de l'inondation.

Au même instant marchant sur les traces de leur Père, deux de ses fils bien-aimés, les deux chefs de l'ancienne Maison des Bourbons, envoient une large aumône, l'un de son exil, l'autre du milieu du champ de bataille.

De tous côtés affluent des secours, secours en argent, secours en nature, des comités s'organisent, des asiles s'ouvrent, des habitations vont s'élever avec le fruit de mille petites industries que la charité seule sait inventer.

Le Chef de l'Etat lui-même, cette âme généreuse qui voudrait tant le bonheur de ce peuple qu'on a cru devoir abriter sous son bras valeureux, est venu en personne distribuer des secours et prodiguer des consolations aux contrées envahies par l'horrible fléau.

M. le maréchal de Mac-Mahon est arrivé ce soir à Toulouse; il était 2 h. 37 m. lorsque le train est entré en gare, salué par des salves d'artillerie.

Le maréchal a mis pied à terre sur le trottoir; M. Buffet, M. le général de Cissey, M. Dufeuille, son secrétaire particulier, et quelques autres personnes, l'accompagnaient.

M, le général de Salignac-Fénélon, M. le préfet, MM. les généraux Lapasset, du Bessol et Baudoin, M. le maire et ses adjoints, M. le premier président, M. le procureur général, M. le procureur de la république, M. Dumas, commissaire central, et presque tous les chefs de nos services publics, l'attendaient à la descente du wagon.

M. le préfet l'a reçu et l'a présenté au maire, ainsi qu'aux autres autorités. Ils sont ensuite montés en voiture pour se rendre à la préfecture par la rue Lafayette, la place du Capitole, la rue de la Pomme et la rue Boulbonne.

Un piquet de gendarmes ouvrait la marche, suivi par un piquet de dragons ; les officiers à cheval escortaient la calèche des deux côtés. Dans la première se trouvaient M. le maréchal, M. Buffet, M. le préfet et M. de Salignac-Fénélon ; dans la seconde, M. le général de Cissey, M. le maire de Toulouse ; les autres autorités suivaient dans sept à huit voitures.

A son arrivée sur la place Saint-Etienne, il a été reçu par le clergé qui l'attendait sur la porte de l'église Métropolitaine. M. l'abbé Roger, vicaire-général, lui a présenté l'eau bénite. Le maréchal est resté environ dix minutes dans la cathédrale, puis il est entré dans la préfecture.

A la sortie de la gare, ainsi que sur l'allée Lafayette et sur la place Saint-Etienne, le cortége a été accueilli par quelques cris timides et rares. Partout ailleurs, on se découvrait simplement sur le passage du maréchal.

Vers quatre heures, il est arrivé dans le faubourg Saint-Cyprien; il est descendu à l'entrée de la grand'rue qu'il a parcouru dans toute sa longueur, ainsi que l'allée de Garonne, est entré fort avant du côté de la barrière de Muret, et est revenu par le Cours-Dillon. Là il est descendu de calèche et est entré à l'Hôtel-Dieu, où l'attendaient les administrateurs des hospices, les médecins, les internes et les sœurs de charité. M. le préfet les a successivement présentés au maréchal, ainsi que la sœur Pélegrin, supérieure générale, dont nous n'avons pas à rappeler l'énergie et le courage surhumain; M. de Mac-Mahon lui a adressé quelques paroles de félicitations; puis il est monté et a visité les diverses salles où reposent les blessés de l'inondation. En passant dans la chapelle, où les cierges brûlaient et où on avait disposé un prie-Dieu pour lui, il s'est approché de l'autel, a posé la main sur le prie-Dieu et s'est recueilli quelques instants, ayant à ses côtés M. Buffet, M. de Cissey, M. le préfet et toute sa suite. Enfin, il est remonté en calèche après avoir pris congé du directeur et s'est rendu, en suivant le quai de la Daurade, à la manufacture des Tabacs. Il est allé de là au Capitole, où il a été reçu par le maire et les adjoints; vingt minutes après il repartait et se rendait au Cirque, où se trouvaient Mme la baronne de Sandrans et Mme la vicomtesse de Salignac-Fénelon, au milieu de toutes les malheureuses inondées, debout sur plusieurs rangs. Enfin, il a visité l'hôpital militaire et est entré à la préfecture, où il a reçu les autorités à neuf heures du soir.

Honneur à ces âmes généreuses qui ont su procurer tant de secours par leurs paroles, leurs mille petites industries, honneur à ceux qui ont prodigué leur argent ; honneur surtout à ceux qui ont donné leur sueur et de plus quelquefois leur vie. Puissent passer à la postérité tant de traits de dévouement qu'il serait trop long d'énumérer ici ! Recueillons-en seulement quelques-uns entre mille que nous pourrions citer.

L'armée, tout le monde a pu le voir, a fait son devoir avec héroïsme et abnégation ; mais il est des dévouements qui ne s'étant produits que dans l'obscurité, ont besoin d'être recherchés, des exemples qu'il est bon de retracer aux foules. Parlerais-je de ce couvent des Feuillants où s'accomplissait un acte sublime de foi : L'eau montait toujours, les murs et les arbres du jardin étaient renversés, alors toute la communauté communia en viatique et puis on fit monter toutes les élèves au troisième où elles passèrent cette nuit d'agonie et d'angoisse. Le jour vint enfin et avec lui les bateaux montés par de braves militaires. On emmena d'abord les élèves, puis les religieuses et enfin la supérieure ; celle-ci voulut récompenser largement nos braves soldats, ils refusèrent en disant qu'il leur suffisait d'avoir fait leur devoir.

Dans les deux hôpitaux les sœurs ne se sont préoccupées que de leurs pensionnaires ; elles ne sont sorties que lorsqu'il n'y avait plus personne à sauver et sont revenues tout de suite, lorsque l'inondation a envoyé dans les salles des cadavres ou de nouveaux malades.

J'ai hâte d'en arriver à ces braves Frères de l'Ecole communale de Saint-Cyprien : En caleçon, dans l'eau jusqu'au dessus de la ceinture, ils ont opéré le sauvetage de soixante personnes ; ils en ont gardé trente dans leur maison, les trente autres, avec deux frères, se sont réfugiées dans le clocher.

Un des frères se souvint d'une pauvre femme paralytique ; il pensa qu'elle devait être seule abandonnée : luttant contre le courant qui l'entraînait, il parvint jus' qu'à elle, mais pour revenir il avait besoin de ses bras pour lutter contre le courant qu'il fallait remonter ; il voulut la charger sur ses épaules, mais, étant seul, il ne le put. Alors, traversant la rue, il la porta au second étage d'une maison qui lui semblait plus solide ; puis, cet acte de dévouement accompli, il revint dans le clocher. Une heure était à peine écoulée qu'il entendit un fracas épouvantable ; c'était la maison où il avait déposé cette femme qui s'écroulait. Oh ! mon Dieu, dit-il, sauvez au moins son âme.

Le lendemain, lorsque l'eau eut baissé, on trouva la pauvre vieille au rez-de-chaussée préservée par une poutre qui avait soutenu les décombres. Elle est maintenant à l'Hôtel-de-Ville.

Dans le jardin de la maison d'école un frère rentrait avec une femme qu'il portait sur les épaules. Il suivait la grille qui sépare le jardin des cours, lorsqu'une voûte qui recouvrait un puits peu profond s'éffondra sous ses pieds. Le frère fit un effort désespéré et revint à la surface. Un homme qui se trouvait à cheval sur la grille put le saisir par les cheveux et le sauver avec son précieux fardeau.

Les frères de la Doctrine chrétienne de Saint-Nicolas se sont conduits d'une façon héroïque. Ils ont donné asile, au moment de l'inondation, à plus de quarante personnes. Dès la pointe du jour on pouvait les voir le long des toits, sur des échelles ou dans l'eau jusqu'aux aisselles portant sur leurs épaules les inondés. On nous signale surtout le frère de la troisième classe, qui a été admirable, et qui a failli périr plusieurs fois victime de son dévouement.

M. l'abbé Espagnac et M. l'abbé Razat, vicaires de la paroisse, ont aussi montré un courage au-dessus de tout éloge; des familles entières leur doivent la vie.

Nous ne connaîtrons jamais tous les actes de dévouement qui se sont accomplis dans les jours néfastes que nous venons de traverser. Mercredi soir, au moment où le passage sur le pont de pierre venait d'être interdit, un jeune prêtre, qui nous en voudrait certainement si nous le nommions, se présente pour se rendre au faubourg Saint-Cyprien. Il est arrêté par la sentinelle; il s'adresse à l'officier qui commandait le poste. Celui-ci lui répond qu'il a l'ordre de ne laisser passer que des militaires de service. « Il me semble, dit le jeune ecclésiastique, qu'il y a place pour le prêtre partout où se trouve le soldat.—Puisqu'il en est ainsi, reprit l'officier, passez ! » Le prêtre resta, en effet, au poste du danger jusqu'au moment où la troupe reçut l'ordre de se retirer.

Nous ne pouvons garder le silence sur un pauvre soldat du 143ᵉ de ligne, nommé Dubuc. Ce jeune homme a fait des prodiges d'héroïsme : déjà blessé à l'estomac, il se précipite pour disputer aux flots un jeune enfant qui se noyait. Il tombe évanoui ; on le soigne et l'on aperçoit sur sa poitrine un scapulaire breton! Dès qu'il reprend connaissance, il s'échappe du dortoir afin d'arracher à la mort de nouvelles victimes.

Arrivons à un trait de dévouement des plus sublimes.

Le marquis Eugène d'Hautpoult, n'écoutant que son dévouement, avait été un des premiers à se jeter dans une embarcation pour voler au secours de cette population en détresse. Rien ne l'y obligeait ; mais les hommes de cœur ne calculent pas ; ils se dévouent quand l'occasion se présente. On l'avait vu le lendemain de la Commune monter fièrement la garde devant la porte du Capitole et tenir tête à une foule furieuse. Deux fois il était revenu ramenant des victimes ; à la troisième fois, son bateau, entraîné par le courant dans la rue Viguerie, a chaviré ; le brigadier de gendarmerie, qui était avec lui, s'est sauvé à la nage : il a vu d'Hautpoult s'accrocher à un bec de gaz ; cet appui a cédé sous le poids de son corps ; mais avant de s'engloutir dans l'abîme, le brigadier a vu d'Hautpoul joindre les mains et jeter un regard de repentir et d'espoir vers la fenêtre d'où l'abbé Julien bénissait ceux qui allaient mourir. Oh! devant cette mort héroïque on ne peut qu'espérer, car l'âme de d'Hautpoul s'est présentée devant Dieu, escortée de celles si pures de ces enfants qui sont morts avec lui et qui ont pu dire au souverain juge : S'il a commis des fautes, pardonnez! Il voulait nous sauver ! Le corps de notre ami a été retrouvé samedi, à huit heures, dans un endroit nommé les Quinze-Sous, près de Blagnac.

A cinq heures, ont eu lieu les funérailles de M. le marquis d'Hautpoul. Le deuil était conduit par le jeune fils et par le gendre du bien regrettable gentilhomme.

Tout ce que notre ville compte de plus distingué dans l'armée, dans la magistrature, dans l'administration, dans la noblesse, dans le commerce, dans les lettres, suivait le cercueil.

Sur tout le parcours du cortège funèbre la foule était immense ; on surprenait des larmes dans tous les yeux. L'absoute a été faite par le vénérable curé de Saint-Jérôme.

Avant de quitter le cimetière, M. Aimé Vieu, adjoint au maire de Toulouse, a prononcé, d'une voix douloureusement impressionnée, les paroles suivantes :

« Messieurs,

» Au nom de la ville de Toulouse que je représente, je ne puis laisser fermer cette tombe sans envoyer à celui qui y descend un dernier hommage d'admiration et de regrets.

» Le marquis d'Hautpoul, dont nous entourons en ce moment la dépouille, est mort victime de son dévouement en portant secours aux inondés.

» Telle sera l'épitaphe, qui perpétuera à tout jamais

dans sa famille et parmi ses concitoyens, le souvenir de cet homme de cœur que la terre nous enlève, mais que, bien certainement, le ciel nous conserve.

» Famille d'Hautpoul ! déchirez vos titres de noblesse, brisez vos blasons, qui n'ont plus que faire pour vous ennoblir. Dès aujourd'hui vous possédez, en effet, un titre plus beau que tous ceux, bien respectables néanmoins, qui vous ont été légués par voancêtres. Ce titre, c'est la mort généreuse d'Eugène d'Hautpoul ! ...

» Ne pleurons pas autour de cette tombe. Commandons au malheur par l'énergie de notre résignation et partageons l'espérance, je dis plus, la certitude de notre chère et sainte religion dans les récompenses futures.

» Admirons donc, envions plutôt la mort du marquis d'Haupoul.

» Déjà, dans ce funèbre asile, reposent de nombreuses victimes de ce même dévouement. Quoique plus obscure, leur tombe n'en est pas moins glorieuse ; car elle sera surmontée, à l'égal de celle-ci, de la palme radieuse et immortelle du martyre. »

Après ces adieux si touchants, l'assistance s'est retirée en proie à l'émotion la plus vive, et aussi en admirant la mort héroïque de celui à qui l'on venait de rendre les suprêmes honneurs avec tant de solennité.

Nous renonçons à décrire la scène lugubre qui s'est passée pendant la nuit de jeudi à vendredi au cimetière. Pendant que l'on continuait à creuser des fosses, à la lueur des torches, de courageux artilleurs chargeaient les cadavres sur leurs épaules et les couchaient deux à deux dans des tranchées. En accomplissant leur pénible devoir, ces braves militaires ne pouvaient retenir leurs larmes. On ne connaîtra jamais assez l'héroïque dévouement de ces obscurs soldats qui depuis trois jours et trois nuits n'ont pas goûté un instant de repos.

Tant de dévouement, de la part de l'armée surtout, méritait bien une récompense : c'est pourquoi après les éloges donnés à l'armée par la municipalité de Toulouse, dans le salon de réception, au grand quartier-général, en présence de MM. les généraux de Salignac-Fénelon, Lapasset, Beaudouin, de tout l'état-major, et de M. le préfet de la Haute-Garonne, des décorations de la Légion d'honneur ont été distribuées par M. le ministre de la guerre à divers officiers de notre garnison, en récompense de leur belle conduite pendant la catastrophe :

Ont été promus :

AU GRADE DE COMMANDEUR

M. le général Dufaur du Bessol.

AU GRADE D'OFFICIER

MM. Sastre de Bousquet, commandant au 143e de ligne ;

De Bonne, capitaine au 23e d'artillerie ;

Peffau, capitaine au même régiment ;

Joly, capitaine au 29e chasseurs à pied.

AU GRADE DE CHEVALIER

M. Campet, brigadier de gendarmerie ;

M. Cistac, brigadier de gendarmerie ;

M. Adam, lieutenant au 29ᵉ bataillon de chasseurs ;

M. Besse-Moulins, lieutenant au 59ᵉ d'artillerie ;

M. Péragallo, sous-lieutenant au 18ᵉ d'artillerie ;

M. Verceille, maréchal-des-logis au 18ᵉ d'artillerie ;

M. Bonnet, sergent à la 17ᵉ section d'administration.

Ont obtenu la médaille militaire :

M. Bouche, gendarme à cheval à Toulouse ;

M. Athon, sergent au 20ᵉ bataillon de chasseurs ;

M. Paris, sergent au 59ᵉ de ligne ;

M. Neuillet, soldat au 59ᵉ de ligne ;

M. Laporte, soldat au 59ᵉ de ligne ;

M. Laroche, sergent au 143ᵉ de ligne ;

M. Meneaux, sergent au 143ᵉ de ligne ;

M. Pénot, sergent au 143ᵉ de ligne ;

M. Dubuc, soldat au 142ᵉ de ligne ;

M. Reillac, maréchal-des-logis au 11ᵉ dragons ;

M. Prougé, adjudant au 18ᵉ d'artillerie ;

M. Chausserie, maréchal-des-logis au 18ᵉ d'artillerie ;

M. Claresy, maréchal-des-logis au 19ᵉ d'artillerie ;

M. Charpentier, maréchal-des-logis au 23ᵉ d'artillerie ;

M. Laffitte, maréchal-des-logis au 34ᵉ d'artillerie.

Plusieurs médailles militaires ont également été décernées, notamment à M. Chapert, maréchal-des-logis au 23e d'artillerie.

M. Dieulafoy, ingénieur de la ville, est nommé chevalier.

A tous ces noms de héros qui se sont couverts de gloire au milieu de si grands périls, nous pourrions en ajouter bien d'autres. Leur modestie nous impose le silence, nous le garderons; mais si nous ne nous inclinons point devant la croix d'honneur qui ne brille pas sur leur poitrine nous saluerons toujours dans leur personne, les martyrs du devoir, du dévouement et de la piété filiale.

Nous nous inclinerons encore devant ceux dont le mérite serait oublié ou méconnu, car il a été remarqué par Celui qui compte jusqu'à un verre d'eau froide donné en son nom et il le signalera à la fin des temps à toutes les générations par la couronne d'immortalité qu'il déposera sur leur front glorieux.

En aval de Toulouse, avant d'arriver dans le département de Tarn-et-Garonne, le fleuve a exercé de terribles ravages à Grenade, à Ondes et à Gagnac. A Ondes, les désastres ont été graves: un grand nombre de maisons ont été détruites, on compte même quelques victimes; trois religieuses entr'autres, dans un excès de délicatesse de conscience, ont refusé de descendre dans la barque qui leur offrait une dernière planche de salut et ont trouvé la mort dans leur couvent. Le lendemain on les retrouvait étroitement embrassées, le chapelet à la main. Ces trois martyres de la chasteté avaient expiré, en murmurant la prière favorite de la Vierge des vierges qu'elles continuent à cette heure dans le Ciel, auprès de leur reine Immaculée.

CHAPITRE V

Ravages de l'inondation dans le département de Tarn-et-Garonne.

Quittons le département de la Haute-Garonne et arrivons aux rives naguère magnifiques qu'arrosent la Garonne et le Tarn. Le chef-lieu du département, Montauban, a été préservé de l'inondation ; néanmoins, à 9 heures, dès que les premières dépêches alarmantes eurent été communiquées à la Préfecture, M. Després, préfet de Tarn-et-Garonne, accompagné du commandant de gendarmerie et de son chef de cabinet, se mettait en route pour Montech, après avoir pris toutes les dispositions nécessaires pour venir en aide aux inondés et organisé tous les moyens de sauvetage.

Montech.

A onze heures du soir, M. le préfet arrivait à Montech et se transportait à 3 kilomètres, dans la rivière, pour s'assurer de l'exactitude des rapports qui lui avaient été faits.

Comprenant que sa présence n'était pas absolument nécessaire pour le moment à Montech, M. le préfet poussait jusqu'à la petite commune de Monbéqui, pour rendre un peu d'espoir et de courage à la population désolée. Le danger était pressant. Le petit village de la Mirole était entièrement envahi, plusieurs maisons se sont écroulées et les malheureux habitants, au nombre de cinquante environ, s'étaient réfugiés dans la seule habitation qui paraissait devoir résister quelque temps encore à la pression des eaux.

La nuit était profonde, le courant rapide, les dangers nombreux, ce qui n'a pas empêché quelques hommes de cœur d'organiser le sauvetage avec le plus grand succès.

Revenu à Montech, M. le préfet a dû éprouver un moment de bien douce consolation en voyant, pressés sur la berge, les malheureux que le bateau de sauvetage amené par lui venait d'arracher à une mort certaine. A cinq heures du matin, c'est-à-dire immédiatement après le sauvetage de Montech, M. le préfet, dont la physionomie réflétait les vives et généreuses émotions de cette nuit de fièvre, montait en voiture avec M. le sous-préfet Albier, pour se rendre à Castelsarrasin, où de nouveaux désastres réclamaient sa présence.

A Montech, le pont situé au lieu de Lapujade, sur la route nationale n° 118, de Montauban à Auch, s'est rompu et a livré passage à un courant impétueux. Cette trouée du fleuve a augmenté les dégâts déjà considérables en emportant tout sur son passage.

On pense que c'est à cette cause qu'est due l'inondation subite du faubourg Garonne, à Castelsarrasin.

Escatalens, Saint-Porquier, Saint-Martin de Belcassé.

La route départementale qui va de Montech à Castelsarrasin passe au bord de la dernière assise de la vallée. La Garonne arrivait jusqu'au pied des villages d'Escatalens, de Saint-Porquier et de Saint-Martin de Belcassé. On apercevait toute la plaine basse inondée entièrement. Quelques pans de murs émergeaient çà et là ; deux ou trois maisons paraissaient seules avoir résisté à l'effroyable désastre. Partout la tristesse et la désolation se lisent sur tous les visages. Les malheureux inondés qui avaient pu être sauvés contemplaient dans une morne attitude ce spectacle navrant de leur ruine, ou s'efforçaient, à travers les arbres, d'apercevoir au loin ceux qu'ils savaient être en détresse. Partout, autant que possible, des barques montées par de hardis sauveteurs cherchaient, malgré les plus grands périls, à ramener quelques malheureux.

On signalait à la même heure une maison restée debout à cause de sa position relativement élevée, celle de M. Fontanié, dans la *Rivière haute* de Castelsarrasin, dans laquelle s'étaient réfugiées plus de cent personnes. Ajoutons que les vivres devaient leur faire défaut, car ce n'est que dans la soirée de jeudi qu'on a pu leur en expédier.

Le niveau de l'eau ayant considérablement baissé,

il est à présumer que, grâce à ce secours, personne n'a péri.

Verdun.

La rive gauche de la Garonne n'a pas été plus épargnée que la rive droite : ainsi à Verdun, dix maisons ont été emportées et il y a de nombreuses victimes.

M. Frédéric de Saint-Serein adresse la lettre suivante à l'*Echo de la Province* :

Mon cher Reynis,

Vous m'avez demandé des détails sur les ravages occasionnés à Verdun, par l'inondation ; eh bien, voici :

« Ce n'est qu'en prenant de grands détours que j'ai pu arriver, hier au soir, 25, vers sept heures. La consternation était générale ; mais toutes les ruines, toutes les misères, toutes les tristesses s'effaçaient devant un drame, qui oppressait tous les cœurs, faisait pleurer tous les yeux !...

Une famille de pêcheurs composée du grand-père, du père et du petit-fils, la famille Mascarat, braves gens, partait vers midi pour aller secourir les victimes de la Rivière de Verdun dont on entendait les cris. Après une journée laborieuse et fructueuse, ils avaient mis plus de trente personnes en lieu sûr, ils revenaient vers six heures, lorsque par une fausse manœuvre, la barque a chaviré ! le vieux grand-père a disparu aussitôt, et le père et le petit-fils ont pu s'accrocher et se hisser sur un frêle prunier. Les heures passées sur ce fragile abri doivent avoir été longues et cruelles ! le poids des corps et d'une vigne ont fait briser peu à peu les branches de l'arbre ; et il est arrivé un moment, vers minuit, où la position n'a pas été tenable et a dû être abandonnée. Le jeune Mascarat, qui a tout au plus 16 ans, s'est bravement jeté à l'eau, et a nagé vigoureusement vers un arbre plus fort, suivi de son père qui faiblissait et auquel il criait : courage ! L'enfant a atteint le but, l'a saisi, a grimpé sur l'arbre et s'est mis à cheval sur l'unique branche, d'où il a vu périr son père, et où il a attendu un secours qui n'est arrivé qu'à huit heures du matin.

Quel drame !

Le brave enfant, sentant ses forces s'épuiser, a eu la présence d'esprit et l'énergie de s'attacher à l'arbre, avec sa ceinture. Il s'est montré en tout, du commencement à la fin, sublime de dévouement, de vigueur et d'énergie !!!

Nous venons de rendre les honneurs funèbres au grand-père ; le père n'a pas encore été retrouvé.

Dieu a sûrement, déjà, récompensé ces deux glorieuses victimes du devoir et du dévouement ; les hommes récompenseront, sans doute, l'héroïsme de l'heureux survivant !

Toutes les maisons entre la Roche et la Rivière, sont écroulées ; et, dit-on, pas une maison n'est debout de l'autre côté ! toujours, dit-on, une barque chargée de victimes aurait coulé bas, et sept cadavres auraient été déjà retrouvés !

Notre pauvre pays est donc ruiné, dans la misère et dans la desolation, et pour longtemps ! d'où viendra le secours ?... Ceux qui avaient peu, n'ont rien ; ceux qui avaient beaucoup, ont peu !...

Bourret.

Nous ne pouvons passer sous silence parmi les courageux sauveteurs des inondés de la plaine de Bourret, le nom de Coudere, pêcheur, de Montauban, qui, durant la journée de jeudi, a sauvé un très grand nombre de personnes. Ce brave marinier était accompagné de trois de ses camarades, qui se sont également dévoués au sauvetage ; ce sont les nommés Jean Lagarde, Delrieu et Dumont. Ils ont sauvé à eux seuls jusqu'à soixante-cinq personnes, au prix de mille périls, et après avoir bravé mille fois la mort.

Castelsarrasin.

Enfin nous abordons, le cœur navré de douleur, la fertile commune de Castelsarrasin : Hélas, que de ruines ! que de misères ! que de tombes encore fraîches nous retrouvons ici à chaque pas !

On lit dans le *Courrier* du 25 juin :

Le désastre de Castelsarrasin dépasse, en effroyable réalité, tout ce que l'imagination peut concevoir de plus lamentable.

Dans la commune de Belleperche, 150 maisons ont été entraînées par les eaux et il est impossible, pour le moment, d'apprécier le nombre des victimes.

Du hameau de Courbieu il ne reste que quelques

maisons éventrées, dressant au-dessus du fleuve leur squelette qui s'agite comme des bras humains appelant au secours.

Dans la ville même, le faubourg Garonne, si peuplé, si vivant il y a deux jours à peine, n'est plus qu'un horrible gouffre traversé par les eaux mugissantes qui roulent à travers les ruines des détritus de toute nature.

Les arbres et le faîte des maisons sont encore occupés le 25 juin par un grand nombre de pauvres gens qui ont cherché un dernier asile sur les points que leur élévation mettait à l'abri de l'envahissement des flots.

Que de scènes navrantes, que de drames émouvants se sont passés dans ces deux nuits d'angoisses !

Un épisode entre mille : sur le faîte d'un pigeonnier attenant à une métairie, trente-cinq personnes, étroitement embrassées, étaient réunies sur un espace de cinq mètres carrés environ, attendant l'arrivée des bateliers, dont le courage et le dévouement ont été vraiment héroïques.

Tout à coup, et alors que tous les regards étaient tournés vers ces malheureux, une explosion formidable se fait entendre. Les yeux se ferment et tous les cœurs sont serrés ; c'est la métairie qui vient de s'écrouler avec cet horrible fracas, soulevant dans sa chute un nuage de poussière. Tout d'abord on croit que tout est perdu, et lorsque le nuage de poussière se disperse, on reconnait que le pigeonnier seul est resté debout et qu'aucun de ces malheureux n'a péri.

C'est ici que nous devons signaler l'admirable conduite de ces braves sauveteurs, dont l'héroïsme ne s'est pas démenti un seul instant.

Leur dévouement était d'autant plus admirable, qu'ils avaient été cruellement frappés eux-mêmes dans leurs plus chères affections, et que quatre d'entre eux, les sauveteurs de Courbieu, ignoraient ce qu'étaient devenues leurs mères et leur belle-mère.

Nous publions le nom de ces hommes qui méritent toute notre admiration et notre reconnaissance, pour que la population en garde le souvenir.

Ce sont :

Algarès (Jean), dit Toffe.

Bert, (Jean), dit Penctore.

Méric (Jean), jeune.

Algarès, (Guillaume), scieur de long, tous les quatre de Courbieu.

Les frères Sissac, de Castelsarrasin.

Et Barbarou, de la même ville.

La municipalité et l'administration n'ont rien négligé pour empêcher le désastre et y rémédier dans les mesures des forces humaines. M. Marrou avait, dès les premières nouvelles alarmantes, fait prévenir individuellement toutes les personnes qui pouvaient être menacées.

Malheureusement, et par une déplorable fatalité, ses instances réitérées n'ont pu vaincre la ténacité de ces pauvres gens, qui ne pouvaient supposer que la Garonne franchirait avec une aussi effrayante rapidité les six kilomètres qui les séparaient du lit du fleuve.

Un fait qui démontre combien est grande l'obstination des habitants de la plaine de la Garonne en face de l'imminence du danger.

Un homme prie M. le maire de Castelsarrasin d'envoyer une barque au secours de ses vieux parents en détresse. On part et l'abordage de la maison réussit ; mais les vieillards, sourds à toutes les instances, refusent de se laisser sauver. Une seconde tentative, faite sur la demande du jeune homme, n'est pas plus heureuse. Il revient à la charge auprès des bateliers, qui consentent à un dernier essai, malgré leur fatigue et les périls de l'entreprise. Le jeune homme cette fois les accompagne ; ses sollicitations parviennent à décider les vieillards à monter dans le bateau, mais..., chose incroyable, c'est lui-même à son tour qui refuse de quitter la maison et laisse repartir le bateau.

Ajoutons que dans la nuit ses signaux de détresse obligèrent les sauveteurs à un nouveau voyage pour retirer du danger l'obstiné campagnard.

Constamment debout au milieu de la population, encourageant ceux-ci, réconfortant ceux-là, organisant les secours, soutenant tous les courages et toutes les volontés, M. Marrou, M. Armand Boé, adjoint au maire, M. Cavaillé, M. le sous-préfet, N. Véchambre, M. Mathieu et plusieurs autres dont le nom nous échappe, ainsi que le clergé de la ville, ont bien mérité de la reconnaissance de la population.

La gendarmerie, comme toujours, a été admirable.

M. Laupiat, propriétaire à Varennes, au-dessus de Courbieu, avait très bien organisé le service de sauvetage; c'est à son active et généreuse initiative que le village a dû de ne compter qu'une ou deux victimes.

Les cinq bateaux organisés par ses soins ont sauvé plus de 150 personnes qui ont été transportées chez lui où elles ont reçu la plus généreuse hospitalité.

Nous avons parlé des sauvetages de Courbieu et de Castelsarrasin.

On ne saurait trop répéter combien la conduite de ces généreux citoyens a été admirable. Une quantité de personnes leur doivent la vie.

Il fallait voir avec quel courage ils partaient, bravant le courant, les écueils, à la recherche des victimes de l'inondation. Sans calculer le danger constant auquel ils s'exposaient, on les a vu opérer, avec une habileté extraordinaire, la traversée des passes les plus dangereuses, s'accrochant aux branches, faisant tourner leur barque autour des arbres, calculant avec une précision admirable leurs moindres manœuvres. Honneur donc à ces courageux marins dont l'abnégation et la modestie n'ont d'égales que l'intrépidité, le courage et le dévouement.

Mentionnons en passant la belle conduite de M. Terni, adjudicataire des fournitures de fourrages pour l'armée, à Montauban, qui s'est distingué entre tous, dans le sauvetage de Castelsarrasin, par son intrépidité, son intelligence et son sangfroid.

Arrivé dans cette ville pour y régler des affaires

commerciales, il est surpris par la catastrophe ; aussitôt et sans consulter le danger qui le menace, les obstacles qu'il faudra vaincre, les difficultés qui se dresseront devant lui, il confie à M. le maire de Castelsarrasin sa montre et son portefeuille, et un des premiers il s'élance dans une barque pour aller au secours de ces malheureux qui appellent à l'aide et qu'il parvient après mille périls à sauver d'une mort imminente.

Nous sommes obligés de nous renfermer dans une certaine limite et de passer sous silence le nom de tant d'âmes qui ont offert leur vie ou prodigué des secours et des consolations à ces pauvres victimes.

Mais nous devons mentionner le nom de Mgr Legain, évêque de Montauban, qui s'est transporté, aux premiers jours, sur le lieu du sinistre pour relever le courage et ranimer la foi de cette population consternée. Sa Grandeur a daigné présider la cérémonie funèbre et chanter l'absoute au service qui se disait pour les neuf premières victimes qu'on avait retrouvées et dont les cadavres étaient disposés l'un à côté de l'autre dans la vaste nef de l'église. Quel navrant spectacle lorsque ces neuf cercueils traversaient les rues de la ville bordée d'une double haie de malheureux atterrés, escortés par un père et une mère en deuil, par de pauvres vieillards laissés seuls, par de jeunes orphelins en deuil qui ne peuvent encore sonder toute la profondeur de leur douloureuse position. Ces neuf cadavres ayant été déposés dans leur dernière demeure, Mgr l'évêque a pris congé de ce peuple après avoir distribué une forte somme d'argent à MM. les curés de la ville.

Le surlendemain le maréchal de Mac-Mahon venait visiter cette ville de Castelsarrasin pour accorder des secours à ceux dont les besoins étaient urgents et des félicitations en attendant des récompenses à ceux qui avaient si noblement accompli leur devoir. Le maréchal revenait de Montauban où il n'avait pu séjourner que quelques heures, pressé par l'ardent désir de voler au secours de ceux que la main du malheur avait frappés.

Cédant aux sollicitations pressantes et réitérées de M. le préfet de Tarn-et-Garonne qui lui étaient transmises par ses délégués, MM. Delbreil, maire, et Lavau, adjoint de Montauban, et aussi par M. le baron de Sandrans, qui avait bien voulu se faire, dans cette circonstance, l'interprète de M. Deprés, le Maréchal était arrivé à Montauban à deux heures 42 par un train spécial.

Il était accompagné de MM. Buffet, vice-président du conseil, le général de Cissey, ministre de la guerre, et le général de Salignac Fénélon, commandant le 17me corps d'armée, de ses deux aides-de-camp, le colonel marquis d'Absac et le lieutenant-colonel de Vaugrenant, et de M. Dufeuille, chef du cabinet du ministre de l'intérieur.

Le président était en petite tenue de campagne, les officiers étaient en uniforme.

M. le préfet du département, M. le Maire de la ville, M. le général Guillon, Mgr l'Evêque, entourés de tous les corps constitués, des chefs des administrations publiques, du clergé et d'une foule nombreuse qui avait obtenu l'autorisation de pénétrer dans l'intérieur de la gare, attendaient sur le quai l'arrivée du train présidentiel.

Tous les chefs de corps et un grand nombre d'officiers de toutes les armes assistaient à la réception.

A l'arrivée du train, M. le préfet est venu saluer le Maréchal dans le wagon-salon, d'où il est ressorti quelques instants après, précédant les illustres visiteurs, auxquels il a présenté Mgr Legain, M. le général et M. le Maire.

A ce moment, un immense cri de *Vive le Maréchal !* est sorti de toutes les poitrines, tous les fronts se sont découverts et c'est au milieu d'un respectueux silence que M. le Maire a souhaité la bienvenue au chef de l'État dans les termes suivants :

« Monsieur le Maréchal,

» Je suis heureux d'être appelé à venir, à la tête du Conseil municipal et de tout le personnel de la mairie, vous offrir, au nom de tous nos concitoyens, l'expression de nos vœux les plus sympathiques et de notre absolu dévouement.

» Notre bonheur eût été complet si nous avions pu vous posséder au moins quelques heures au milieu de nous.

» Mais de tristes et impérieux devoirs vous appellent en toute hâte, nous le comprenons, aux lieux où le fléau a sévi et où il y a bien des douleurs à consoler et des misères incalculables à secourir.

» Ces malheureux sont nos frères et nous nous réjouissons sincèrement de vous voir voler de préférence auprès d'eux.

» Nous avons commencé, sous l'inspiration de l'administrateur intelligent et au dévouement sans limites qui est à la tête de notre département, à organiser des souscriptions et à recueillir des secours en nature, mais pour si abondants que soient les résultats, ce sera peu de chose pour tant de ruines et tant de misères accumulées.

» Votre présence au milieu de nos populations témoigne hautement du vif intérêt que vous leur portez, et nous donne l'assurance que votre Gouvernement leur viendra en aide; vous aurez acquis ainsi, monsieur le Maréchal, un titre de plus à nos sympathies déjà bien vives et bien sincères et à notre reconnaissance la plus profonde : aussi est-ce de tout cœur que je prends la liberté de m'écrier en finissant : *Vive le maréchal de Mac-Mahon!* »

Le Maréchal, visiblement ému par les démonstrations affectueuses dont il était l'objet, a répondu en exprimant des regrets de ne pouvoir donner à la population montalbanaise un témoignage de sa bienveillante sympathie en acceptant l'hospitalité qui lui était si gracieusement offerte; mais, a-t-il ajouté, de nombreuses infortunes réclament ma présence et mes instants sont comptés. Je reviendrai vous voir plus tard et dans de meilleurs jours, car maintenant les relations qui existent entre nous et que j'ai voulu établir m'unissent plus étroitement encore à votre cité.

Cette allocution, interrompue par les plus vives acclamations, s'est terminée par le cri de : *Vive le Maréchal !*

M. Buffet a adressé à M. le Maire ses remerciements, pour le concours empressé de l'administration et du conseil municipal, dans les réparations relatives aux casernes.

La réception était terminée et le Maréchal se disposait à regagner le train présidentiel, lorsque M. le Préfet, qui savait que la ville de Montauban toute entière se pressait dans la cour et aux abords de l'avenue de la gare, a prié le Maréchal de se présenter à l'extérieur pour permettre à la population de le saluer.

Le Maréchal s'est rendu à cette invitation avec sa bienveillance habituelle, et il a pu comprendre à la spontanéité et à l'unanimité des acclamations qui l'ont accueilli, quels étaient les sentiments d'affection pour sa personne, de respect et de dévouement pour son Gouvernement qui animaient nos concitoyens.

Un vieillard appartenant à la classe laborieuse, se trouvait au premier rang de l'extrémité de la barrière qui entoure la cour de la gare ; dès qu'il a vu le Maréchal en face de lui, ses yeux se sont mouillés de larmes, et dans son langage familier, que nous reproduisons textuellement, il s'est écrié : « Bonjour, M. le Maréchal, je vous souhaite une bonne santé et une longue vie pour le bonheur de la France. »

Touché de la simplicité et de la sincérité de ces vœux, le Maréchal a pris dans ses mains la main de ce brave homme, et l'a serrée cordialement à plusieurs reprises.

Avec ce tact et cette intelligence des situations qu'on retrouve toujours dans les masses, la foule qui n'avait pu entendre les paroles échangées mais qui avait vu le geste, a compris l'enseignement contenu dans ce rapprochement de deux hommes placés aux deux extrémités de l'échelle sociale : elle s'est sentie honorée dans la personne de ce modeste travailleur, et elle a répondu à cet acte de touchante simplicité, par des acclamations qui ont accompagné le Maréchal jusqu'à sa sortie de la gare.

Après avoir distribué des secours qui sont bien loin de réparer les pertes occasionnées dans l'arrondissement de Castelsarrasin, le Maréchal quittait cette ville pour se transporter sur un nouveau théâtre, Moissac. Cet arrondissement a peut-être encore plus souffert que celui de Castelsarrasin, dont le *Messager* évalue ainsi les pertes :

Arrondissement de Castelsarrasin :

2,000 hectares inondés, c'est-à-dire un tiers de la superficie de la commune.

331 maisons sont complètement détruites. Tout le mobilier perdu. Une grande partie du bétail a été noyé. Les récoltes sont anéanties. Les pertes matérielles évaluées à 3 millions.

Le nombre des personnes, hommes, femmes ou enfants qui ont perdu la vie dans les eaux, s'élève au chiffre de 41.

Le nombre de têtes de bétail perdues lors de l'inondation, dans l'arrondissement, serait de 2,000.

Castelsarrasin, nous l'avons dit, a été une des villes les plus éprouvées du Midi. Voici de nouveaux détails à ce sujet :

La basse ville est encore couverte par la Garonne. Il ne reste plus un pan de mur, 400 maisons se sont écroulées. C'est au millieu de la nuit que les eaux du fleuve envahirent la basse ville, et, surpris au millieu de leur sommeil, les habitants n'eurent que le temps de se réfugier demi-nus sur les arbres et sur les toits.

Un des témoins de ce sombre drame en a fait ainsi le récit :

« Il faisait nuit noire, le ciel était couvert d'épais nuages, et un vent violent soufflait apportant des appels désespérés et de suprême adieux. Par moment on entendait un bruit sourd comme un coup de canon lointain ; c'était une maison qui s'écroulait. Pendant quelque temps on vit quelques lumières éclairer encore les maisons les plus solides, mais bientôt tout s'éteignit ; et la basse-ville ne fut plus qu'un gouffre sombre, donnant une idée de l'enfer. »

Les pauvres gens réfugiés dans les arbres y restèrent douze heures, sentant à chaque instant les troncs craquer sous l'effort des courants, et entendant au dessous d'eux mugir le gouffre prêt à les engloutir.

La scène suivante a été racontée par un des reporters du *Soir* :

« Une boulangère, une jeune femme, est réveillée par l'inondation.

» La maison, peu solide, menace ruine ; la malheureuse prend ses deux enfants, deux petits jumeaux à la mamelle, se les attache contre la poitrine et monte dans un énorme baquet en bois où on pétrissait le pain, espérant que cette embarcation improvisée surnagerait.

» Le mari, lui, s'était cramponné à l'S de la cheminée ; à peine la jeune femme est-elle dans cette sorte de radeau, qu'elle voit le malheureux glisser et tomber dans le gouffre.

Le baquet surnage ; mais bientôt le courant le prend et le jette contre un tronc d'arbre, où il se brise.

« La pauvre femme, à qui l'amour maternel donne des forces surhumaines, parvient à saisir une branche et à se hisser sur l'arbre.

» Mais il est trop faible, il craque sinistrement.

» La jeune femme comprend que si elle y reste quelques minutes de plus, le tronc va se fendre, et que ses enfants sont perdus !

» A la hâte, elle les attache à une branche et après les avoir embrassés longuement, sans hésiter, elle fait le signe de la croix et se précipite dans le courant.

» Dieu n'a pas voulu qu'un pareil dévouement fût inutile ; j'ai vu à l'hospice de Castelsarrasin les deux pauvres petits êtres que les frères Suzas ont sauvés.

» J'ai vu aussi le cadavre de la mère qu'on allait

enterrer. La pauvre femme est morte doucement. Sa figure avait la beauté calme et céleste d'une sainte; elle semblait sourire; ses yeux étaient à moitié fermés, sa bouche entr'ouverte, ses mains croisées sur la poitrine.

» On voyait que sa dernière pensée avait été une prière pour les pauvres petits. »

Moissac.

En quittant Castelsarrasin, le Maréchal, visiblement ému des témoignages de respectueuse et sympathique reconnaissance qu'il venait de recevoir, et sous l'impression du spectacle navrant dont il avait été témoin, se dirige sur Moissac, où l'attendaient de nouvelles scènes de désolation ; car dans ce douloureux voyage le tableau change, mais la scène reste la même ; ce sont partout les mêmes ruines, les mêmes misères, les mêmes désastres. Ici ce sont des villages engloutis sous les eaux et dont il ne reste plus que quelques murs démantelés ; là, c'est un quartier, hier encore florissant et animé, qui s'est effondré tout entier, les champs dévastés, les récoltes détruites, l'épargne de la famille anéantie, le modeste ameublement, la provision de linge détruits, salis, tel est le spectacle qui se renouvelle sans cesse, et dont l'épouvantable réalité dépasse de beaucoup tout ce que l'imagination peut concevoir de plus triste et de plus lamentable.

De Castelsarrasin, le train présidentiel arrive en quelques minutes à Moissac, où le Maréchal a été reçu par le maire, le sous-préfet, entourés du Conseil municipal, du clergé et des notables de la ville.

Les cris de : *Vive le Président de la République ! Vive le Maréchal !* éclatent à l'arrivée du chef de l'Etat, auquel le maire a souhaité la bienvenue en ces termes :

« Monsieur le Président de la République,

« Le conseil municipal de Moissac, que j'ai l'honneur de présider, me charge de vous faire agréer l'expression de ses sentiments les plus respectueux, et de vous remercier en même temps de l'empressement que vous avez mis à venir constater les immenses désastres qui nous affligent.

» Déjà, prenant une initiative qui, en présence d'un deuil public, devenait un devoir, il a voté une somme de cinquante-cinq mille francs pour subvenir aux besoins les plus urgents.

» Le Conseil municipal, organe naturel de la cité, profite de votre passage, monsieur le Président de la République, pour renouveler le vœu de l'établissement d'une caserne dans notre ville ; outre le grand intérêt qui se rattache à cette construction, les ouvriers sans travail, par suite des calamités qui nous ont frappés, trouveront ainsi un soulagement à leur misère. »

Le Maréchal, qui a paru tout d'abord quelque peu surpris du passage de ce discours relatif aux casernes, a répondu en insistant sur la nécessité de procurer des abris, du pain et des vêtements aux inondés ; il a annoncé un secours envoyé par le gouvernement pour venir en aide aux premières et plus pressantes nécessités, ajoutant qu'on aviserait ensuite à trouver un moyen pour relever les maisons. Puis le cortége s'est rendu sur le lieu du sinistre, au milieu d'une foule qui l'a salué de ses plus chaleureuses acclamations,

Le Maréchal a visité successivement la rue Saint-Jacques, les rues avoisinant la passerelle, celles qui conduisent au moulin, c'est-à-dire tous les quartiers qui ont été cruellement éprouvés par la catastrophe.

Il avait pour tous ces malheureux une parole de pitié et d'encouragement, une promesse de secours qui relevaient les cœurs et réconfortaient les courages ; on se sentait moins malheureux et moins désolés, après l'avoir entendu, car ce langage touchant qu'il trouvait dans son cœur pour consoler d'aussi graves infortunes, ne faisait que traduire les impressions et les sentiments que lui inspirait la vue de ce navrant spectacle.

Après avoir félicité M. le Sous-Préfet du courage qu'il a déployé pendant le sauvetage, de l'intelligence du sang-froid, de l'esprit d'initiative dont il a fait preuve en faisant opérer au canal en amont du Tarn une large trouée permettant aux eaux de s'étendre, et qui a sauvé une partie de la ville de l'inondation, le Maréchal a remis au Maire de Moissac une somme de mille francs pour être distribuée aux victimes les plus nécessiteuses ; puis il a regagné le train présidentiel, qui l'a reconduit à Toulouse.

Au départ, comme à l'arrivée, le Maréchal a été acclamé par la foule qui se pressait aux abords de la gare.

Le Maréchal avait été précédé à Moissac par Monseigneur l'Evêque de Montauban qui était venu accompagné de M. Lacozpaille, vicaire-général, auparavant curé de Moissac, porter des secours et des consolations à cette chère population. Sa Grandeur avait offert la somme de 1,000 francs pour venir en aide aux premiers besoins de ce peuple habitant les bas quartiers de la ville, si rudement éprouvée. On compte, en effet, à Moissac, 189 maisons écroulées, plus 44 maisons prêtes à s'écrouler ; et, en outre, trois victimes en ville et trois dans la banlieue.

S'il y a des pertes regrettables à déplorer dans cette ville, il y a aussi de beaux traits de dévouement à enregistrer, consolation bien faible mais cependant bien douce d'un si grand deuil. Nous ne pouvons les mentionner tous ; aussi passerons-nous sous silence ceux que la voix des journaux a déjà publiés ou ne manquera pas de signaler ; nous aimons mieux divulguer ceux que l'obscurité de position ou des délicatesses de modestie laisseraient ensevelis dans le tombeau de l'oubli.

De toutes parts on a parlé de l'admirable conduite du clergé des campagnes, dont rien ne pouvait lasser le zèle, le courage et le dévouement. Citons un fait entre mille arrivé à Moissac :

M. Morette, vicaire de cette ville, apprend qu'une religieuse garde une pauvre malade en danger de mort, dans une maison envahie par le fleuve et qui menace de s'effondrer sous la pression des eaux. Il s'élance dans une barque, arrive jusqu'à la chambre de la malade, et après avoir réconcilié avec Dieu ces deux âmes qui luttent entre elles de générosité, il sauve d'abord la pauvre femme et revint ensuite chercher la religieuse, au moment même où le mur d'une maison voisine, s'écroulant avec un terrible fracas, leur fait croire à tous deux que leur dernière heure était arrivée.

Un trait admirable entre beaucoup d'autres et qui ne surprendra personne dans nos villes, où l'on connaît le dévouement des sœurs garde-malades.

Ces religieuses ont depuis quelques mois une maison à Moissac. Or, l'une des sœurs soignait, mercredi soir, dans les bas quartiers de Saint-Jacques, une pauvre femme gravement malade. L'inondation arrivait de toute part, les sauveteurs allaient de maison en maison engageant les habitants à quitter leurs demeures menacées, la sœur ne veut pas abandonner sa malade dont elle ne peut se charger ; seule elle reste auprès d'elle, la consolant et l'encourageant. Cependant l'eau envahit la demeure, et déjà elle en a jusqu'à mi-corps. Autour d'elle les maisons s'écroulent avec fracas dans le silence de la nuit. Le sacrifice de sa vie est fait, mais elle voudrait sauver celle pour laquelle elle se dévoue ; un secours inespéré arrive, un homme peut pénétrer et aider à monter la malade à l'étage supérieur. C'est là, installée de nouveau à son chevet, qu'elle a pu attendre au milieu des ruines, que le jour arrivant, le salut fut assuré.

Avec la modestie de l'héroïsme qui s'ignore, cette simple religieuse est seule aujourd'hui à s'étonner que l'on puisse admirer sa conduite.

Il ne faut pas que de pareils actes puissent être ignorés, il ne faut pas que la modestie de leurs auteurs les prive de la juste récompense qu'ils ont si noblement méritée, car l'humanité s'honore de pareils dévouements, car une cité a le droit d'être fière et de s'énorgueillir d'aussi braves enfants.

Honneur à ceux qui, dans ces nuits de désespoir et dans ces jours de détresse, ont fait le sacrifice de leur vie pour disputer au terrible élément les victimes qu'il enlaçait de toute part.

Honneur à eux, car ils ont bien mérité de la reconnaissance de leurs concitoyens.

Saint-Nicolas de la Grave.

Le fleuve, après avoir sévi d'une manière si terrible à Moissac, s'est précipité avec plus de fureur encore, comprimé sur la rive droite par les coteaux de Boudou, sur la vaste plaine qui s'étend entre Saint-Nicolas de la Grave et Merles. A Saint-Nicolas, plusieurs maisons mal construites se sont écroulées ; on compte des pertes irréparables : presque toutes les granges sont démolies et le bétail est noyé ; heureusement personne n'a péri : tout le monde a pu se sauver dans les hauts-quartiers de ce chef-lieu de canton.

Les trois cinquièmes de la commune de Saint-Nicolas ont été couverts par l'inondation; plus de 2,500 personnes sont sans asile.

Ici vient se placer un fait bien navrant que je ne puis passer sous silence. Dans la plaine de Castelsarrasin, un peu au-dessous de la ville, sur le sommet d'une métairie était montées huit personnes. Tout-à-coup un craquement se fait entendre; c'est une partie de l'habitation qui s'écroule. Se voyant peu en sûreté, les malheureux parviennent à se hisser à grand'peine au faîte du pigeonnier de la métairie. Ils y étaient depuis quelque temps, bien plus rassurés dans ce nouvel asile, lorsqu'un autre craquement se fait entendre; ce coup-ci, c'est leur dernier refuge qui menace ruine. Par bonheur, à quelques pas de là, circulait une barque portant des secours aux inondés. On l'appelle, elle arrive, et les huit personnes descendent. A peine étaient-elles placées dans cette frêle embarcation, que le pigeonnier s'effondre et dans sa chute fait chavirer la nacelle. Tout disparaît au sein de l'onde écumante : après quelques minutes apparaît à l'horizon cette même embarcation fortement endommagée et dans laquelle on distingue une forme humaine : c'était une jeune fille d'une douzaine d'années qui avait échappé au naufrage. La barque qui la porte vogue toujours rapidement et arrive, après huit kilomètres de parcours, à Saint-Nicolas-de-la Grave. Là, quelques marins, occupés à opérer le sauvetage, aperçoivent le frêle esquif, courant un imminent danger; ils poussent à toutes rames de ce côté, ils parviennent à l'atteindre, non sans de grandes difficultés. Comme leur dévouement fut bien récompensé. O surprise ! mais aussi ô douleur ! C'est la fille de celui qui dirige le sauvetage, habile marin qui était de passage en ce moment à Saint-Nicolas, regarde, regarde encore, il pose le pied dans le frêle esquif et il reconnaît sa fille, sa fille qui se jette éperdue au cou de son sauveur et de son père, sa fille dont les larmes et les sanglots lui disent qu'elle est le seul membre de la famille sauvé du naufrage.

Merles.

La commune de Merles a eu 62 maisons écroulées sur 74 que les eaux ont envahies. Des douze qui restet encore debout plusieurs menacent ruine.

Grâce à l'activité déployée par M. l'abbé d'Arassus, curé de la paroisse, pour l'organisation du sauvetage, et au courageux dévouement des sieurs Lapart et Guibal, bateliers, aidés par quelques habitants, plus de 42 personnes ont été sauvées.

On n'a à déplorer que la mort d'une vieille femme infirme.

M. Coudere de Candes, avec le plus grand dévoûment et l'aide de quatre bateliers d'Auvillars, a pu sauver six personnes très-exposées dans une maison isolée, située dans le fort du courant.

Malause.

Vis-à-vis Saint-Nicolas de la Grave, la petite ville

de Malause a eu moins à souffrir. Elle était préservée contre la fureur du courant par la double digue du canal et du chemin de fer. A plusieurs endroits, la digue du canal a été enlevée, dans un parcours souvent de plusieurs centaine de mètres.

On compte six maisons écroulées, plusieurs granges fortement endommagées ou démolies.

Pommevic.

Le village de Pommevic, préservé par la digue du canal et situé à une assez grande distance de la Garonne, a eu cependant 12 maisons d'écroulées. Presque toute la commune a été couverte par l'eau ; il n'y a pas pourtant de mort à déplorer.

Espalais.

Espalais, situé sur un petit monticule, à quelques centaines de mètres seulement du lit de la Garonne, a été en proie à de longues et cruelles angoisses. Le courant était si terrible que plusieurs maisons solidement construites ont été ravinées jusqu'aux fondements. Il y en a 34 cependant qui n'ont pu tenir contre la fureur du fleuve et qui se sont effondrées pourtant sans faire de victimes.

Mais que de pertes matérielles à enregistrer dans cette commune, que de granges où le bétail s'est perdu ou noyé, que de madriers, que de coupes de bois, que de planches ont été entraînées par le fleuve rapide. Toute la commune et tout le village ont été couverts par les eaux, à l'exception de l'église, du presbytère et de quelques rares maisons. On compte une victime dans la banlieue.

Auvillars.

En face Espalais, sur l'autre rive, le port d'Auvillars a souffert; mais les maisons ont résisté cependant en grande partie, grâce à la solidité de construction.

Valence.

C'est de Valence surtout qu'on pouvait bien se rendre compte de l'invasion et de la fureur du terrible fléau. Ecoutons un témoin oculaire :

L'inondation de la Garonne est venue jeter dans nos contrées, il y a quelques heures à peine, si belles et si prospères, la désolation et le deuil.

Dès mercredi soir, l'eau commença à se répandre sur les rives de la Garonne, mais assez lentement, de façon que rien ne faisait prévoir l'immense catastrophe du lendemain, jeudi 24 juin.

Ce jour-là, entre cinq et six heures du matin, une grande nappe d'eau est venue surprendre nos populations, et en moins de vingt minutes tout a été cerné par les eaux.

L'histoire des inondations n'a jamais eu à enregistrer un pareil désastre.

L'eau s'est élevée à environ deux mètres de plus

que les plus fortes innondations connues ; elle dépassait de plus d'un mètre les berges du canal.

Toute la plaine était envahie depuis Auvillars jusqu'à Valence, depuis Donzac jusqu'aux pieds des coteaux de Clermont-Dessus.

Quelques instants après, on n'entendait dans l'espace couvert par les eaux, que des cris de détresse, car tous les habitants des campagnes avaient été surpris par le fléau.

C'étaient les cris de détresse des malheureux habitants réfugiés sur leurs toits ou suspendus aux branches des arbres et appelant des secours, ou les détonations produites par la chute des maisons.

Pendant plus de douze heures, nous avons assisté à cette scène, dont le souvenir restera toujours présent à notre mémoire.

Des secours ont dû être organisés par la municipalité et les habitants de la ville de Valence ; on a procédé au sauvetage des personnes qui risquaient le plus d'être englouties avec leurs maisons.

Malheureusement, il était difficile de porter des secours immédiats sur une étendue aussi vaste, les bateaux étant très-rares par suite de la rigueur des règlements administratifs, qui ne permettent pas aux particuliers d'avoir des bateaux sur le Canal. C'est à grand'peine que l'administration put en requérir deux ou trois appartenant à des barques de passage. Ils furent confiés à quelques courageux citoyens dont on ne saurait trop louer l'énergie et le dévouement.

Pendant toute la journée, ils se transportèrent souvent à plusieurs kilomètres, recueillant au milieu des dangers de toute sorte les nombreuses victimes du fléau. Le Gouvernement, nous l'éspérons, récompensera généreusement tant d'abnégation et de bravoure.

Plus de cent cinquante personnes ont été ainsi enlevées à une mort certaine, et nous devons ici rendre hommage au courage et au dévouement de MM. Delbert frères, Louis Pompigno, employés au Chemins de fer du Midi, Barbe, Catusse, Ramond, Testax, Salles, Tourot et quelques marins appartenant à une barque de passage à Agen.

Les eaux sont arrivées jusques dans la partie basse de la ville de Valence et ont occasionné l'effondrement de presque toutes les maisons qui se trouvent dans ce faubourg.

Les neuf dixièmes des maisons situées dans la campagne, atteintes par l'inondation, se sont entièrement écroulées, de sorte que grand nombre de personnes qui, avant le fléau, se trouvaient dans l'aisance, sont aujourd'hui sans gîte et sans asile.

Toutes les récoltes sont presque perdues et une grande partie du bétail a disparu ou a été écrasé sous les décombres.

Nous avons le regret de ne pouvoir signaler ici le nom de toutes les personnes qui se sont particulièrement distinguées par leur courage et leur dévouement ; nous nommerons cependant, pour Golfech, les frères Charles Caprais.

Golfech

Nous venons de citer le village de Golfech.

Arrêtons-nous ici quelque temps pour donner de plus amples renseignements ; car, proportions gardées, les désastres ont été encore plus terribles qu'à Toulouse. A quatre kilomètres de Valence s'élevait le long de la route nationale de Toulouse à Bordeaux, une double haie de maisons blanches, coquettes qui semblaient former comme une allée conduisant à une magnifique église moderne, du style roman, décorée par le pinceau de l'artiste Bézard, et embellie par une prodigalité et une richesse d'ornements offerts par la main généreuse de quelques familles opulentes du pays. Là, vivait un peuple aux mœurs simples et pures cultivant avec soin le champ fertile qu'il avait acquis au prix de ses sueurs, lorsque le terrible fléau est venu en quelques heures enlever les espérances d'une des plus belles récoltes qu'on eût jamais vues. Retenue par la double digue du chemin de fer et du canal l'eau se précipita avec fureur sur ce gracieux village, et dès sept heures du matin, le petit bourg situé à deux kilomètres du lit de la Garonne et qui n'avait point été visité par le débordement de 1855, fut transformé en un immense fleuve aux flots impétueux. Chacun s'empressa alors de se réfugier au premier étage, obligé de laisser meubles et vêtements, tant l'eau montait rapide ; chacun osait à peine en croire à ses yeux.

Hélas ! quelque chose de plus affreux encore était

réservé à cette pauvre population. Les deux cent-cinquante maisons environ qui formaient ce village, belles en apparence, mais fort légèrement construites, car elles n'avaient point eu à redouter jusqu'ici la fureur des éléments, résistèrent quelque temps à la violence des eaux ; mais bientôt on entendit un bruit sourd pareil aux coups du canon, ou aux grondements lointains du tonnerre, et à ce bruit se mêlaient les cris de détresse poussés par des hommes, des femmes, des enfants et des animaux ; c'était une grange ou une maison qui venait de s'écrouler ; les animaux étaient ensevelis sous les décombres, et les maîtres suspendus à un pan de muraille lézardée. Puis à ce bruit en succéda un autre, puis un autre, puis un autre, et à à chaque fois redoublaient les cris d'alarmes et d'angoisses. La moitié des maisons n'offraient plus que des ruines émergeant au milieu de l'eau sur lesquelles apparaissaient, pâles comme des fantômes, des victimes attendant la mort. C'en était fait de cette malheureuse population, lorsque dans un moment d'heureuse inspiration se fait ententre ce cri : « A l'Eglise ; courons tous à l'Eglise, l'eau n'y arrive pas encore ! » Aussitôt tous ceux qui le peuvent de quitter leur demeure et de se réfugier à la nage, à travers un courant des plus rapides, vers ce dernier asile qu'on venait de signaler. Là se trouvait le vénérable vieillard qui depuis plus de quarante ans gouverne cette paroisse modèle; il avait été cerné le matin par les eaux lorsqu'il disait la Sainte Messe, et il n'avait pu regagner le presbytère qui allait servir de refuge à une partie de la population. Le saint prêtre reçoit à bras ouverts, et les yeux pleins de larmes, ses chers enfants qu'il a engendrés dans le Christ par ses conseils, ses exemples et par les Sacrements qu'il leur a conférés. Quel heureux moment pour ces pauvres naufragés lorsqu'ils se virent arrachés à une mort inévitable : ils s'embrassaient, ils pleuraient, ils priaient.

C'était une bien douce consolation, mais une consolation bien faible dans un si grand deuil. Leurs habits ruisselaient d'eau, et il allait falloir passer plusieurs heures mouillés jusqu'aux os. Les femmes, les petits enfants, les vieillards, les infirmes, les animaux n'avaient pu traverser le courant, et ils étaient restés accrochés à leurs murailles, et l'eau montait toujours. Quelles angoisses pour ceux qui venaient d'échapper à la mort ! Mais la Providence vint alléger cette rude épreuve. Par bonheur, à côté de l'église, refuge des trois quarts de la population, se trouvait préservée des eaux la maison de Mlle Vergnes ; on y jeta un pont avec des planches, et cette âme, d'un dévouement à toute épreuve, s'empressa de prodiguer vivres, linges, vêtements ; tout ce qu'elle possédait, en un mot, fut remis à ces pauvres victimes.

Grâce à ces bons soins, les rigueurs de la faim et du froid furent bien allégées. Restait encore une tristesse bien profonde dans l'âme de ceux qui étaient sauvés : c'était le souvenir de ceux qu'ils avaient laissé dans l'intérieur de leur demeure, souffrant peut-être de la faim et du froid, ou bien expirant sous les ruines de leurs maisons écroulées. La Providence vint encore les tirer de ces horribles angoisses. Un bâteau, le seul qui existât dans la commune, apparaît monté par les frères Roumégoux. Ces deux intrépides marins sillonnent les courants les plus terribles en tous les sens recrutant quelques hommes lestes, forts et dévoués, et de concert ils volent tout le jour où le danger les appelle. Il leur fallut du temps, beaucoup de temps pour recueillir toutes les victimes, le courant était si terrible! mais enfin sur le soir tout le monde avait reçu du secours; tous avaient pu se sauver, sauf deux vieillards qui n'eurent pas le temps de descendre dans la barque et qui furent ensevelis sous les décombres de leurs maisons effondrées. A chaque retour du bateau, c'étaient des larmes de joie qui coulaient de tous les yeux; les scènes que chacun avait à se raconter étaient si navrantes! Ce fut d'abord une jeune femme de 30 ans, Marie Duffa, frappée d'une extinction de voix complète, tant elle avait crié : « Au secours! au secours! » Elle est là, entourée de son mari, rendu muet par les terribles émotions de la journée, et de ses deux petites filles transies de froid.

Vers sept heures du matin, un craquement se fait entendre dans sa maison; averti par un charpentier du voisinage du danger qui menace son habitation, le mari monte sur le toit entraînant avec lui sa femme et ses enfants; puis, voyant que le péril devient plus imminent, il prend une échelle, l'appuie contre un frêle ormeau placé à côté de sa maison située au bord d'un ruisseau grossi par les eaux, et fait glisser là toute sa famille. Il attache au sommet de l'arbre ses deux petites filles, puis sa femme, et enfin il se suspend lui-même, implorant du secours. Des heures se passent, et personne ne répond à leurs voix haletantes ; la plus petite appelle sa mère et lui dit à chaque instant : « J'ai faim ! j'ai faim ! » Et la pauvre mère n'a que des larmes à lui donner. Je me trompe, il reste encore sur l'arbre quelques feuilles humides qui n'avaient pas encore été souillées par les eaux bourbeuses du fleuve, et comme au temps des plus grandes famines, la pauvre mère les lui offre pour l'empêcher de crier. Ainsi fallut-il vivre presque tout un jour qui sembla bien un siècle. Ce ne fut que vers six heures du soir que la barque de salut put arriver, montée par les frères Roumégoux, J. Delbert et Calmettes.

Voilà l'histoire que nous raconte celle-ci, voilà celle que nous raconte cette autre :

La maison venait de s'écrouler ; elle s'attache à une poutre et s'efforce de se diriger vers un peuplier des plus élevés ; elle en est à quelques coudées, lorsque le courant la prend et la jette dans le lit de la Garonne ; elle eut assez de sang-froid pour ne pas lâcher cette planche de salut ; soudain, un autre courant la saisit et la rejette contre le peuplier qu'elle avait choisi elle-même. Elle reste là, cette pauvre femme, déjà avancée en âge, sans nourriture, mouillée jusqu'aux os, et ce ne fut que le soir qu'on put aller la chercher.

Ici, c'est une personne, jeune encore, qui a été arrachée à la mort par l'intrépide Randé ; là, ce sont deux autres, plus âgées, retenues sur les bords d'une cave s'effondrant sous leurs pieds ; plus loin, c'est une famille dont un des membres mettait le pied dans la barque, juste au moment où la maison s'écroulait ; plus loin encore, c'est une douzaine de femmes qui, effrayées par le bruit d'une partie de la maison qui s'affaisse, se précipitent dans l'eau et sont sauvées par les soins et l'aide du jeune Etienne Ferrier. Nous n'en finirions plus si nous voulions raconter toutes les scènes qui se passèrent dans ce petit village. Le soir, presque tous étaient réunis dans l'église où on avait pu amener jusqu'à une partie des animaux : on eut dit la nouvelle arche de Noé émergeant au milieu des flots en courroux qui la cernent de toutes parts. Au fond de l'église, étaient campés pêle-mêle tous les animaux que l'on avait pu soustraire à l'inondation ; dans le sanctuaire, on avait rangé les petits enfants élevant leurs mains pures vers le ciel, pour désarmer le bras vengeur du Très haut ; dans les chapelles latérales se trouvaient les femmes, les cheveux épars et les vêtements en désordre ; sur la rampe de communion, on avait disposé le berceau des nouveaux-nés ; les hommes, enfin, s'étaient réfugiés au clocher, et le bon Pasteur était là, allant et venant, distribuant une parole de consolation à l'un, une parole de pitié à l'autre, s'efforçant de ranimer la confiance et le courage de tous.

La population du hameau de Labaquère, dépendant

de la commune de Golfech, fut sauvée par le dévouement des frères Charles Caprais, dont nous avons déjà parlé. Ces deux intrépides jeunes gens parcoururent, à plusieurs reprises, le hameau en tout sens, et purent sauver sur leur frêle embarcation une douzaine de personnes à la fois. A chaque instant, la barque était tellement menacée par le courant qu'ils obligèrent tous les passagers à tenir leurs yeux fermés, et à ne pas faire le plus léger mouvement. En cette occasion, les frères Charles Caprais n'ont point fait seulement preuve de courage, ils ont fait preuve encore de générosité chrétienne. Les premières personnes qu'ils voulurent sauver furent les membres d'une famille qui s'étaient déclarés leurs ennemis jurés.

Au hameau de Passaga, appartenant toujours à la commune de Golfech, le sauvetage s'opéra, non sans de grands périls, par les soins du meunier Pagès, qui ayant fait un radeau avec quelques planches ajustées à la hâte, put arracher une quinzaine de personnes à une mort certaine.

Tout le jour du 24 juin se passa pour ce pauvre peuple dans de mortelles angoisses : la nuit fut plus terrible encore, troublée par l'effondrement réitéré des pans de murailles qui avaient résisté tout le jour à la fureur des flots. Quelle tristesse! surtout le lendemain, lorsque le fleuve ayant lâché sa proie, ils purent apprécier toute l'horreur de leurs désastres. Ils étaient là, sans demeure, sans provisions, sans vêtements, errant au milieu des décombres, pâles, hébétés, exténués de fatigue. Le soir, il fallut aller mendier un asile pour passer la nuit : les cinq maisons intactes, qui restaient sur 257 dont se composait le village, offrirent la plus gracieuse et la plus généreuse hospitalité : le reste de la population alla se réfugier chez des parents ou des amis dans un village voisin, ou bien dans l'église où l'on dut séjourner encore trois nuits, presque sans couvertures ni matelas.

Tel est, en résumé, le navrant récit du malheur qui a frappé cette population. Or, l'infortune, a-t-on dit, rend ingénieux et hardi. Un des membres de la commune, M. Ernest Moing, conçut l'heureuse idée de se constituer frère quêteur au milieu de la rue, pour fournir quelque secours à ses concitoyens plus malheureux. L'idée parut excellente, et dès le dimanche au soir il s'empressa, avec M. le Curé, M. le Maire et M. l'Adjoint, qui tous les trois ont fait preuve d'un dévoûment sans bornes, d'aller tendre la main aux nombreux voyageurs qui venaient examiner les désastres.

Le lendemain et les jours suivants, ces Messieurs furent remplacés dans cette œuvre de charité par une quêteuse infatigable, Mme Grèze, femme de l'adjoint au maire. Le dévouement de cette jeune dame fut récompensé par un brillant succès. Grâce à ce premier secours, cette malheureuse population eut du pain, mais elle est encore sans abri, presque sans vêtements. Dans sa sollicitude pour ses administrés, le jeune conseiller général, M. Trubert, s'empresse de réclamer à deux reprises un peloton de génie qui s'efforce d'enlever les décombres. Sur la demande réitérée de M. le Maire, quelques secours ont été envoyés; mais on espère qu'une large part dans la distribution sera faite à ce charmant petit village, qui n'existe presque plus que de nom.

M. le Préfet et Mgr l'Evêque sont venus constater par eux-mêmes les ravages causés par le fléau, et on pense que leurs rapports seront pris en considération.

Depuis, M. le Maréchal de Mac-Mahon, entendant parler de ce village que le malheur a rendu célèbre, a voulu s'y transporter et accorder un premier secours.

C'est à l'entrée du village que le 29 juin M. le Maire, M. l'Adjoint, le Corps municipal et M. le Curé sont venus saluer et recevoir le Maréchal. M. Pons lui a adressé une allocution que nous regrettons de ne pouvoir reproduire et l'a remercié, en excellents termes, d'être venu apporter au malheureux village de Golfech ses encouragements et l'espérance de quelques secours.

Dans ces tristes jours de deuil, l'église de Golfech était devenue le refuge et l'asile de tous ceux dont la demeure s'était écroulée. Le Maréchal a voulu la visiter et y est entré avec M. le Curé et les personnes qui l'accompagnaient.

Sur le seuil, à la sortie, un ancien militaire a fendu la foule, s'est approché du Maréchal et après lui avoir exposé sa misère actuelle, la triste nécessité où il se trouvait de ne pouvoir offrir à sa femme comme abri que sa charrette, il lui a rappelé qu'il avait eu l'honneur d'être passé en revue par lui en 1849 à Mostaganem, alors qu'il appartenait au 105e régiment de ligne. Ce brave soldat, que M. le Maire a signalé comme un des sauveteurs de la commune qui avait déployé le plus de zèle et de courage, ne pouvait dissimuler sa joie d'avoir retenu quelques instants l'attention du Maréchal et le cortége était déjà loin qu'il s'écriait encore : Ne m'oubliez pas, ne m'oubliez pas, monsieur le Maréchal. Nous sommes sûrs, en effet, que le Maréchal ne l'oubliera pas, car il a écouté le récit de ce brave homme dans des circonstances trop saisissantes et qui paraissent faire une vive impression sur son âme si noble et si généreuse.

Le Maréchal avait terminé sa visite à Golfech, et il allait remonter en voiture, lorsque la dévouée quêteuse que nous avons déjà signalée lui a tendu sa bourse, il y a déposé son offrande et, comme à Lamagistère, il a remis à M. le Maire un rouleau d'or pour secourir les plus malheureux.

De nombreux cris de : *Vive le Maréchal! Vive Mac-Mahon!* ont salué ce nouvel acte de générosité.

Ce n'est qu'à Laspeyres, à la limite du département, que le Maréchal s'est séparé de M. le Préfet et des autorités qui l'avaient accompagné, et qu'il a repris la route d'Agen. Son dernier mot a été pour M. Després, qu'il a de nouveau et chaleureusement félicité pour son admirable conduite, son infatigable dévouement.

Le maréchal fut obligé de venir en voiture, car la voie ferrée entre Golfech et Lamagistère a été coupée en deux endroits et les rails avec les traverses déplacés par la force du courant et jetés sur le talus. Les quais sont affouillés à des profondeurs qu'on ne peut encore apprécier.

Lamagistère.

Une inondation, qui a tous les caractères d'un véritable cataclysme, dit un témoin oculaire, vient de désoler nos contrées. Notre commune, en particulier, a été horriblement atteinte. Plus de soixante maisons sont totalement détruites et plus de deux cents personnes sont sans asile. Des quartiers en bloc ont été complètement rasés et l'amoncellement est tellement grand qu'on ne reconnaît plus l'emplacement des maisons qui ont disparu. Le pont suspendu sur la Garonne a été entraîné en entier; il n'existe plus vestige non plus des superbes récoltes que nous avions; en un mot, tout est perdu et le pays se relèvera difficilement d'un pareil désastre.

Nous avons constaté la disparition de dix personnes. Six cadavres ont été déjà retrouvés sur le territoire de la commune et le sol était jonché de corps morts.

Dans cette épouvantable catastrophe, les mariniers de la localité ont été admirables de dévouement et de courage.

Sous la direction aussi intelligente que hardie de M. Louis Bourgeat, notre maire, qui, la nuit comme le jour, n'a cessé de leur donner l'exemple du plus grand sangfroid, ils ont fait de vrais prodiges de valeur. Grâce à leur intrépidité, je devrais dire à leur témérité, plus de deux cents personnes ont été arrachées à une mort certaine, au milieu des plus grands périls. — Honneur à ces braves citoyens!

LAMAGISTÈRE.

Le maréchal de Mac-Mahon est venu visiter notre pauvre commune et distribuer les premiers secours à nos malheureux inondés. En parcourant nos quartiers détruits, qui avaient l'aspect des ruines d'une ville bombardée par le canon, l'illustre soldat a paru navré de tant de désastres, qu'il avait tenu à constater *de visu*, et il a daigné promettre de compatir à nos misères dans une mesure aussi large que possible.

La population de Lamagistère s'est montrée vivement émue et reconnaissante de cette haute marque de sympathie, et elle en conservera pieusement le souvenir.

Parti d'Agen en voiture, le maréchal de Mac-Mahon arrivait vers quatre heures à Lamagistère. Il était accompagné du général de Salignac-Fénelon, du colonel d'Abzac, de M. le conseiller d'Etat Durangel, directeur de l'administration départementale et communale au ministère de l'intérieur et de M. le lieutenant-colonel de Bastard, un de ses anciens aides-de-camp, député du Lot-et-Garonne, et président du Conseil général de ce département.

M. le Préfet, M. le sous-préfet de Moissac, M. le secrétaire général, M. le commandant de gendarmerie, MM. les ingénieurs, M. Trubert, conseiller général, M. le président du tribunal et M. le procureur de la République de Moissac, M. le maire de la Magistère, son adjoint et les membres du conseil municipal attendaient le Maréchal à l'entrée de la ville, entourés d'une foule considérable composée, non-seulement des malheureux habitants du pays, mais encore de nombreux curieux venus d'Agen et de Valence.

A la descente de voiture, M. Louis Bourgeat s'est avancé vers le Maréchal et l'a remercié, en quelques mots partis du cœur, d'avoir bien voulu venir visiter une ville que le fléau a complétement ravagé, lui donnant l'assurance que Lamagistère se souviendrait éternellement de cette marque de sympathie.

La parole simple et émue de M. le Maire a provoqué de la part du Maréchal une de ces réponses dont les grands citoyens ont seuls le secret et qui, allant droit à l'âme, sont toujours suivies d'une acclamation générale.

Le Maréchal s'est ensuite engagé dans la longue rue de Lamagistère, ayant M. le maire et M. l'adjoint à ses côtés, s'enquérant auprès de ses deux administrateurs de tous les détails du sinistre, s'arrêtant souvent devant les maisons effondrées et constatant partout sur son passage, la preuve de toute la joie que causait sa présence à cette population si cruellement éprouvée et dont l'attitude triste et recueillie témoignait de l'immensité du désastre en même temps que de la reconnaissance infinie qu'elle saurait conserver à son illustre visiteur.

En quittant Lamagistère et avant de monter en voiture pour se rendre à Golfech, le chef de l'Etat s'est encore longuement entretenu avec M. Bourgeat et lui a remis mille francs pour ces pauvres inondés.

Nous sommes heureux d'apprendre que M. le Ministre vient de récompenser le dévouement de M. Louis Bourgeat, dont l'intelligence et l'énergie n'attendirent point le nombre des années. A l'âge de 33 ans, ce jeune et habile administrateur, digne successeur d'un père à qui le pays doit tant, a été décoré de la croix de la Légion-d'honneur. Cette nouvelle a été accueillie avec un rare bonheur par la famille si respectable et si charitable à laquelle M. Louis Bourgeat a l'honneur d'appartenir, par les nombreux amis qu'il compte dans la contrée, et, enfin, par toute la population de Lamagistère et du canton qui lui est si dévouée. La population de Lamagistère, surtout, a été très heureuse de voir acquitter par là une partie de la dette de sa reconnaissance envers ce magistrat. Son attachement pour son brave et digne maire, dont elle avait pu apprécier, une fois de plus dans ces tristes circonstances, le courageux et énergique dévoûment, a crû, si c'est possible, en cette occasion mémorable.

Elle n'oubliera pas surtout que ce noble cœur, après avoir sauvé la vie à un si grand nombre de pauvres familles, a tenu, en outre, à leur assurer, dans sa propre maison, une généreuse et sympathique hospitalité. Honneur encore à ce digne citoyen! Quand des populations ont à leur tête des administrateurs de cette trempe, quelque éprouvées, quelque malheureuses qu'elles soient, elles ne doivent pas désespérer de l'avenir.

Dans la commune de Lamagistère, le hameau de Lasparrière a été fortement éprouvé. Plusieurs maisons se sont écroulées et quelques victimes n'ont pu échapper qu'à grand'peine à la mort. On cite une famille composée de cinq membres qui a parcouru, sur une meule de foin, trois kilomètres et n'a pu être sauvée que sur le soir par des marins de Laspeyres. Au moment où le courant rapide les emportait à travers les arbres et les épaves, le vénérable curé de Clermont-Dessus, qui assistait, plein d'angoisse, de la terrasse de son presbytère à cette scène désolante, a envoyé une dernière absolution à ces victimes, absolution qui les a peut-être préservées d'une mort imminente.

Donzac.

En face Lamagistère, le village de Donzac, situé sur un monticule, a été préservé de la fureur du courant. La plaine basse cependant a été couverte par les eaux ; on compte dix maisons écroulées et une victime. Le dévouement de MM. Dominique Sazy et Cadet X, ancien passager à Pascalet, mérite des éloges.

J'ai nommé Laspeyres. Nous voici à la limite des deux départements de Tarn-et-Garonne et de Lot-et-Garonne. Avant d'examiner les désastres de ce dernier département, faisons connaître approximativement le total des pertes dans l'arrondissement de Moissac. On compte 567 maisons écroulées, 11 communes envahies par les eaux, plus 20 victimes. Si les pertes sont grandes dans le département de Tarn-et-Garonne, les dévouements ont été à la hauteur des désastres. M. le Ministre a commencé à les récompenser dans la personne de MM. les maires de Grisolles, de Saint-Nicolas, de Lamagistère, de Castelsarrasin, élevés au grade de chevaliers de la

Légion-d'Honneur, et de M. le sous-préfet de Moissac, élevé au grade d'officier. Espérons que cette liste s'élargira encore et s'enrichira de nouveaux noms.

CHAPITRE VI

LOT-ET-GARONNE.

Saint-Sixte.

La première commune du Lot-et-Garonne envahie par les eaux fut celle de Saint-Sixte, située sur la rive gauche de la Garonne. Dieu n'a pas permis qu'aucune personne fût victime du terrible fléau qui a causé tant de ravages ; c'est sa toute-puissante volonté qui inspira les braves gens dévoués qui, montés sur de frêles esquifs, luttèrent avec tant de courage contre les courants déchaînés, et volèrent au secours de leurs frères.

Parmi ces intrépides citoyens, on distinguait du haut de la Colline, pendant la matinée du jeudi, M. Roucaud, l'ancien maire de Saint-Sixte, qui semblait avoir retrouvé toute la vigueur et l'énergie de sa jeunesse. Malgré ses soixante-cinq ans, de concert avec Pierre Barrés, Eugène Laffitte et Blanquet, le sonneur de cloches si courageux qui se faisait remarquer dernièrement encore dans un épouvantable incendie, il sauvait la vie à plus de cinquante personnes qui, montées sur le toit des maisons les plus élevées, les sentait s'effondrer sous leur poids.

Parti du Port-de-Bonneau vers cinq heures du matin, ils n'y rentrèrent que dans l'après-midi, lorsque après avoir visité toutes les maisons de la basse plaine, ils se furent assurés que personne n'avait été oublié. Dans plusieurs habitations, ils durent employer la violence, pour arracher à une mort certaine des imprudents qui, se croyant en sûreté sur la toiture, la voyaient s'abîmer aussitôt après leur départ.

Clermont-Dessus, Saint-Romain, Saint-Jean-de-Thurac.

Une partie des communes de Clermont-Dessus, de Saint-Romain et de Saint-Jean-de-Thurac, toutes les trois contiguës et situées sur la rive droite du fleuve, fut envahie par les eaux et subit de grands désastres. Les victimes de toutes sortes sont en grand nombre : beaucoup de maisons effondrées, beaucoup dont il ne reste aucune trace, beaucoup de familles ruinées. Les villages de Mary et de Guillemy notamment offrent le tableau le plus triste et le plus navrant.

Il serait trop long de rapporter en détail les scènes émouvantes qui eurent lieu durant la journée et la nuit du 24, comme aussi durant la matinée du 25 juin. De tous côtés, à chaque instant, sur des débris que le courant entraînait, sur des arbres situés à l'endroit où le fleuve roulait ses flots impétueux, on n'entendait que des cris de détresse et de désolation poussés par des malheureux que le torrent menaçait d'engloutir. Ajoulez à cela le bruit sourd et terrifiant qui se faisait entendre à chaque instant par l'effondrement de nombreuses maisons, et vous n'aurez qu'un simple aperçu du tableau le plus triste qui s'est déroulé, hélas! de toute une population plongée dans la crainte et dans la consternation.

Parmi les sauveteurs les plus courageux et ceux qui ont montré le plus de sangfroid et de dévouement durant ces jours tristes et néfastes, la population entière est unanime à signaler, d'une manière spéciale, les nommés Guitard (Colas), marin, de la Compagnie Coudere, à Agon; Rodrigue (Jean), comptable à l'usine du Noble; Cassé, Masou, Pinèdre, Daurel, Rémy Courrèdo et d'autres.

Le nommé Guitard, ancien marin, âgé de 66 ans, résidant à Laspeyres, a particulièrement excité l'admiration de toute la contrée. Naufragé une première fois, avec le nommé Colas, en voulant, sur un bateau, sauver quatre personnes réfugiées sur une toiture, dans le village de Mary, là où le courant était le plus rapide, et sauvé, comme par miracle, cet intrépide marin, repart de nouveau après avoir changé ses vêtements mouillés et n'écoutant que son courage il préserva à lui seul du péril, et dans trois communes différentes, le nombre de trente personnes pour le moins. Nul n'a plus que lui des droits acquis à la reconnaissance publique; nul autre également n'a mieux mérité la bienveillante attention de l'administration.

Les nommés Cassé, Colas, Masou ont montré aussi le

plus grand dévouement; le jour et la nuit on n'a cessé de les voir sur de frêles esquifs, exposés aux plus grands dangers et sauver la vie à bon nombre de personnes.

La brigade de gendarmerie de Puymirol, pour sa part, n'a cessé, durant deux jours et deux nuits, d'être constamment sur les lieux où l'inondation exerçait le plus de ravages. C'est grâce à ce zèle, à l'activité et au dévouement de ces braves militaires que de nombreuses mesures de sauvetage ont été organisées. Nombre de fois on les a vus à cheval, ayant de l'eau jusqu'à la moitié des cuisses, quelquefois à la nage, traverser des courants rapides et s'exposer à des dangers sérieux.

Dans la basse plaine de Clermont-Dessous, aux villages de Lasparrières et de Saint-Pierre de Malauze, ils ont mis beaucoup de vigilance pour faire sortir les habitants de leurs maisons et préserver de la sorte d'une mort imminente près de quatre-vingts personnes.

Le zèle, l'activité et le dévouement que le brigadier de gendarmerie, en particulier, a déployés dans cette occasion sont dignes de tout éloge.

Saint-Nicolas.

Les ravages causés par l'inondation dans la commune de Saint-Nicolas sont énormes. Heureusement, nous n'avons à déplorer que des dégâts matériels. Mais quel triste spectacle! Sur 138 maisons dont se compose la petite commune de Saint-Nicolas, on en compte 74 qui sont complétement détruites, sans y comprendre celles qui se trouvent ébranlées et menacent ruine. Plus de la moitié des habitants sont sans asile et un grand nombre sont réduits à la misère. L'église surtout a souffert des pertes irréparables : les murs sont détériorés, les autels renversés, les ornements en lambeaux.

Dans sa sollicitude paternelle, Mgr Fonteneau, évêque d'Agen, s'est empressé d'aller porter quelques secours et prodiguer quelques consolations à cette chère population.

Si la plupart des habitants ont échappé à une mort certaine, ils le doivent au courage et au dévouement du sieur Causso, dit Balentou, ancien marin, qui, quoique âgé de 60 ans, n'a pas hésité, au péril de sa vie et au milieu des plus grandes difficultés et d'un courant terrible, à secourir ses malheureux compatriotes, en les transportant avec son bateau au château de Saint-Philippe, situé à quatre cents mètres environ du village.

Les habitants de Saint-Nicolas, réfugiés chez le vicomte de Dampierre, ont reçu la plus bienveillante hospitalité, et tout ce que le château de Saint-Philippe renfermait de provisions et de matériel a été mis généreusement à la disposition des malheureux inondés.

On doit particulièrement signaler à l'admiration et à la reconnaissance publiques les sieurs Jeanti Lussagnet, Baqué père et fils, Léandre Fabe et Bru père.

Caudecoste.

On écrit de Caudecoste au *Lot-et-Garonne* :

» Quel terrible fléau! Que de ruines! Il était inouï

qu'on eut jamais vu les eaux à Cudocosto. Placés à plus de trois kilomètres du fleuve, à peine, aux plus forts débordements, apercevions-nous au loin les flots courant le long des rives submergées, aussi la population vivait-elle dans une sécurité complète. Quelle épouvante lorsque l'approche du torrent a été signalée! En un instant, tout est envahi; heureux ceux qui ont pu gagner les hauteurs! Il ne reste aux autres pour tout refuge que la cime des arbres, car les maisons construites, pour la plupart en pisé et torchis, s'effondrent avec un sinistre fracas. Les flots charrient constamment sous nos yeux des arbres, des meubles, des bestiaux; on aperçoit même dans un berceau un enfant qui agite ses petites mains et fait entendre des vagissements.

» Au milieu de tous ces désastres et des cris déchirants qui arrivent jusqu'à nous, les meilleures volontés doivent rester inertes; on ne peut disposer que d'une yole légère qui se trouve dans un bassin du parc de M. Sarramia; un marin, le nommé Lacaze, Second, de Saint-Sixte, offre de s'y embarquer, et bientôt on le voit, avec deux courageux rameurs, sillonner la plaine dans tous les sens, recueillant partout des malheureux qui ne comptaient déjà plus sur aucun secours humain. A l'autre extrémité de la commune, MM. Vidal de Berty, qui ont un bateau sur la Garonne, affrontant les courants les plus rapides, sauvaient au péril de leur vie, un nombre considérable de personnes et quelques-unes au moment même où leurs maisons s'écroulent.

» Il y a dans la plaine deux points qui se sont trouvés

providentiellement élevés au-dessus du niveau des eaux; ce sont le château de M. Guenin et l'habitation de MM. Vidal. C'est là que les deux embarcations déposaient ceux qu'elles venaient d'arracher à une mort certaine; tous y trouvaient avec un asile sûr une hospitalité généreuse et empressée.

» Tout le monde, au reste, a fait son devoir; les représentants de l'autorité étaient à leur poste, relevant les courages, organisant les secours; nous nous faisons un devoir de signaler le zèle du brigadier d'Astaffort et de son second. Grâce à cette émulation de dévouement personne n'a péri, et si nous avons à regretter d'immenses pertes matérielles, du moins n'avons-nous à pleurer la perte d'aucun des nôtres. »

Sauveterre.

A Sauveterre, les récoltes sont très endommagées, sans être absolument perdues, beaucoup de bestiaux ont péri. La métairie de Géraud appartenant à M. de Montesquieu a été complétement détruite, 15 têtes de bétail ont été écrasées par l'effondrement de la toiture. Dans la commune, trois personnes de la même famille ont été noyées; 100 têtes de bétail environ ont péri, une cinquantaine de maisons ont été ou totalement ou partiellement démolies. La levée du chemin de fer d'Agen à Tarbes retenant les eaux dans la plaine, en amont du pont de-Saint-Pierre-de-Gaubert, l'inondation a atteint une hauteur de 1^m 50 de plus environ. Le sauvetage s'est opéré au prix des plus grands dangers. Cinq braves citoyens se sont signalés par leur dévouement d'une façon particulière; ce sont les nommés Jean Gabiole, Pierre Gibert, Pierre Olivier, Elie Soureil, Pierre Jomié. Sans eux, beaucoup de personnes auraient péri.

A ces premiers noms, nous sommes heureux d'en ajouter d'autres.

Vingt-cinq personnes s'étant réfugiées à la métairie de Géraud, appartenant à M. de Montesquieu, où jamais les eaux n'étaient parvenues, furent surprises avec tout leur bétail par les flots toujours croissants : 60 têtes de bétail réfugiées en cet endroit furent noyées. Treize personnes se perchèrent sur la toiture de la maison et douze sur celle de la grange. Après quelques heures, la grange commença à s'effondrer, et ces douze malheureux se hissèrent sur un vieux pan de mur resté debout.

A leurs cris déchirants, MM. Chaudeborde et de Lathenay, montés sur un bateau, et MM. Louis Lannes fils, Louis Lannes père et Guizot, montés sur un autre bateau muni d'une seule rame s'empressèrent de courir à leur secours, et là, après s'être accrochés d'arbre en arbre, ils parvinrent à s'approcher de la métairie de Géraud, où ils recueillirent ces pauvres malheureux.

Le lendemain, vendredi, les habitants de Sarrouy et de Gudech étaient au moment d'être ensevelis dans les flots, lorsque la barque, montée par MM. de Lathenay, Chaudeborde, Isaac Brouat, Jean Bégué et M. Guizot, coururent à leur secours et les recueillirent.

De là, ces messieurs se dirigèrent dans la plaine de

Sauveterre; après avoir franchi des difficultés inouïes, luttant jusqu'à cinq fois contre les courants, ils purent arriver jusqu'à ces malheureux qui poussaient des cris déchirants. Ces sauveteurs parvinrent à tirer de la grange écroulée de M. de Montar une vieille femme soutenue sur de la paille flottante. Là ils ont recueilli, à l'aide de draps de lits, les métayers de cette propriété de M. de Montar qui s'étaient perchés sur un noyer. Leur terreur était telle qu'ils ne pouvaient se décider à descendre dans le bateau vivement secoué par les flots.

Ces sauveteurs déposaient par nécessité ces pauvres malheureux tantôt chez M. Jean Lacoste, dont la maison offrait un refuge, tantôt à Pongrave, où tous les secours leur ont été prodigués au château de M. Guizot.

Après les actes de courage et de dévouement que nous venons de mentionner, nous ne devons pas oublier de signaler les actes de charité d'une famille où cette vertu est traditionnelle.

Pendant l'inondation, Mme la baronne de Bastard a ouvert son château de Saint-Denis à toute la population de la commune. Plus de soixante personnes ont trouvé là un refuge, une nourriture substantielle et abondante et des lits improvisés à la hâte.

Mme la baronne de Bastard, avec cette simplicité, cette bienveillance et cette amabilité qui la caractérisent, recevait elle-même à la porte de son château, bien qu'ayant de l'eau jusqu'aux genoux, les malheureux que les intrépides sauveteurs lui amenaient; elle adressait à chacun d'eux des paroles de consolations et d'encouragement, et veillait attentivement à ce que les soins les plus minutieux et les plus empressés fussent prodigués à tous.

Heureuses les localités qui ont une maison semblable à celle que nous avons le bonheur de signaler !

Saint-Pierre-de-Gaubert.

On peut constater de grands dégâts dans la plaine entre Bon-Encontre et Saint-Pierre-de-Gaubert occasionnés par la brèche de 500 mètres en aval du pont de Saint-Pierre-de-Gaubert.

C'est cette brèche qui a donné passage aux eaux qui se sont précipitées avec tant de rapidité dans Agen du côté de la Porte-du-Pin.

On parlait à Agen, le vendredi, de grands malheurs survenus dans la commune de Saint-Pierre-de-Gaubert : Toutes les maisons, disait-on, auraient été détruites; on n'entendait plus que des cris de détresse poussés par les habitants réfugiés dans l'église, qui aurait cédé elle-même devant la violence du courant. Heureusement, toutes ces nouvelles alarmantes furent démenties le soir même par M. le Curé de Saint-Pierre qui put arriver jusqu'à Agen, après mille détours. Il n'y a eu en réalité que quelques maisons détruites. Il n'y a pas de mort à déplorer ; les habitants, habitués aux débordements, s'étaient réfugiés dans les maisons les plus élevées.

Layrac.

Sur la rive gauche de la Garonne, la plaine de Layrac, si belle et si riche d'espérances, a été presque entièrement ravagée. Beaucoup d'animaux ont été asphyxiés ; deux femmes et un enfant ont péri. On aurait eu encore beaucoup plus de malheurs à déplorer sans le dévouement de MM. Georges Guizot, Joseph Chaudeborde, lieutenant de vaisseau et de Latenay. Nous devons encore signaler la conduite admirable de M. Danglade, conseiller municipal de Layrac, qui a eu le courage de s'élancer en bateau, au mépris de tous les courants, jusqu'à la Garonne, de franchir en remorquant à bras ce même bateau, le talus du chemin de fer pour sauver les victimes de l'inondation qui tendaient vainement leurs signaux à tous les rivages de plus en plus éloignés.

Il est juste de mentionner encore l'élan sublime du chef de gare de Layrac, se précipitant à l'heure du déraillement du train d'Auch, en plein torrent, sous la rupture de la voie, entraînant ces hommes d'équipe et quelques généreux citoyens, qui poussaient en avant une plate-forme pour enlever du train de détresse, voyageurs, bagages, valeurs et correspondances. De l'autre côté du chemin de fer où naviguaient facilement les esquifs, l'onde débordée était presque un lac. Du côté de Layrac, les eaux étaient devenues un torrent furieux. Chaque pas pouvait coûter la vie. Malgré tant de périls, on a vu MM. Bergère, Jeantet, Armilhe, Duthil, braves ouvriers de la localité, enlever sur leurs épaules, avec de l'eau jusqu'au cou, les voyageurs perdus dans le train déraillé. MM. Denys, Neychens, Busquet, Moussaron, etc., etc., ont, à l'aide de leurs bateaux, multiplié leurs tentatives pour voler au secours de toutes les victimes.

C'est grâce à tous ces efforts renouvelés et aux mesures prises à temps par un des adjoints, M. le capitaine Laborie, que Layrac doit de ne pas avoir à déplorer des désastres aussi effroyables que tant d'autres contrées.

Cette charmante petite ville a eu l'honneur de recevoir la première du département la visite de M. le Maréchal de Mac-Mahon.

Après avoir quitté Tarbes, le 29 au matin, le Maréchal est arrivé, par train spécial, à midi moins cinq minutes, en gare de Layrac.

Le Président de la République était accompagné de MM. les colonels d'Abzac et de Vaugrenand, ses aides-de-camp ; de MM. Durangel, conseiller d'État, directeur de l'administration départementale et communale au ministère de l'intérieur ; Dufeuille, chef du cabinet de M. le Ministre de l'intérieur ; Tramond, chef du service télégraphique ; Héret, attaché au cabinet de la Présidence.

A sa descente de wagon, le Maréchal a été salué, au nom du département, par M. le préfet de Champagnac qui, dans les termes les plus heureux, lui a dit toute la gratitude des populations et lui a présenté successivement les autorités rangées sur le trottoir de la gare.

M. le premier président Drême, Msr l'évêque, accompagné de son vicaire-général M. Manec, M. le général Minot et son aide-de camp, M. le lieutenant colonel de gendarmerie, M. le procureur général, MM. Aunac,

Belloc, Besse, membres de la commission de permanence du Conseil général, M. de Laflite de Lajoannenque, conseiller général du canton d'Astaffort, M. Fournié-Gorre, conseiller général du canton de Fumel, MM. les maires de Layrac, Sauveterre, Saint-Sixte et Caudecoste, M. le juge de paix du canton, M. le curé de Layrac, M. l'aumônier et M. le chapelain du Sacré-Cœur.

Dans la cour de la gare étaient rangées cinq brigades de gendarmerie sous le commandement de M. le chef d'escadrons Massol. Hors de l'enceinte se pressait une foule d'habitants de Layrac et des environs.

M. le Maréchal a répondu en quelques paroles pleines de bienveillance et de cordialité à l'allocution de M. le préfet; puis il s'est entretenu avec MM. les maires du canton des désastres de l'inondation. Il a remis à chacun d'eux une somme de 1,000 francs pour distribution de secours aux indigents, et il leur a annoncé que M. le ministre de l'intérieur et M. le ministre des travaux publics, qui viendront dans quelques jours visiter le théâtre du fléau, pourvoieront aux indemnités relatives aux pertes en récoltes, bestiaux et immeubles.

Au moment où le Maréchal allait quitter la gare, M. de Bastard, député et président du Conseil général, accouru exprès de Paris, venait se joindre au cortége des autorités. Plusieurs autres conseillers généraux, MM. de Luppé, Bransoulié et Charbonneau, se sont également rendus dans notre ville à l'occasion de la visite du Maréchal.

A midi et demi, M. le Maréchal montait dans la voiture de M. George Guizot pour se rendre à Agen. A son côté avait pris place M. le ministre de l'intérieur, et en face M. le préfet et M. le premier président. La suite militaire et civile et les autorités suivaient dans d'autres voitures.

A droite et à gauche de la voiture présidentielle, M. le général Minot, M. le lieutenant-colonel de gendarmerie et M. le commandant Massol, formaient l'escorte que complétaient, en avant et en arrière, deux piquets de gendarmerie sous les ordres du capitaine Devosse.

Le cortége a traversé ainsi tout Layrac entre deux haies de population tête nue et dans l'attitude du plus profond respect. Pas un cri n'a été proféré.

Le cortége a suivi l'ancienne route, sur la rive gauche du fleuve, jusqu'à l'entrée du Pont de pierre, où M. le maire d'Agen, entouré de son conseil municipal, a reçu M. le Maréchal.

AGEN.

Arrêtons-nous plus longuement à cette ville qui, comme Toulouse, a subi des pertes matérielles irréparables et a été le théâtre de traits de dévouement que la postérité aimera à admirer.

I. — Arrivée et étendue de la crue.

La navrante dépêche que M. l'Ingénieur en chef de

la navigation avait communiquée le mardi soir, à la dernière heure, annonçant qu'à Toulouse la crue de la Garonne dépassait de 1^m 20^c celle de 1855 et qu'à Agen on devrait s'attendre à un grand débordement, ne disait, malheureusement, que trop la vérité.

La crue, en effet, s'est déclarée, à Agen, mercredi, dans la matinée. On voyait les eaux grossir à vue d'œil, et, vers cinq heures du soir, le fleuve débordait et gagnait insensiblement le chemin de halage et les promenades du Gravier.

Depuis six heures jusqu'à onze heures, ce n'était qu'un va-et-vient général sur les chemins avoisinant la Garonne. Tout Agen était sur pied. Tout le monde voulait se rendre compte par lui-même de la progression des eaux.

Le matin, la crue avait grossi considérablement ; les eaux couvraient déjà les rues Cale-Abadie, Sainte-Catherine, la place Saint-Antoine, les cours du Gravier et Saint-Antoine, depuis la rue de la Remonte jusqu'à la maison Jaille, près du pont Saint-Georges ; à dix heures il y avait à peu près un mètre d'eau devant l'hôtel Baron.

Rue des Charretiers et rue Fon-Raché on mesurait près de deux mètres d'eau.

A onze heures, la crue atteignait celle de 1856 ;

A Agen, l'inondation a porté de graves préjudices ; mais les pertes auraient été beaucoup plus sensibles si les intéressés n'avaient eu le temps de prévenir le fléau en prenant leurs précautions.

Un service de bateaux est installé pour les habitants des maisons inondées, et un autre spécialement pour le MM. l'Ingénieur et les employés de la navigation.

A deux heures la crue prend des proportions dangereuses.

Il n'y a d'épargnés que les points culminants, qui sont fort peu nombreux; toutes les maisons qui se trouvent en contre-bas sont inondées jusqu'au premier étage.

Jamais, nous affirmait un vieillard de quatre-vingt-dix ans, on n'avait vu une inondation pareille.

C'est navrant!

Et pourtant, rien n'avait été négligé par l'administration pour soustraire les malheureux habitants au danger qui les menaçait.

La consternation est générale. Un nombre considérable de personnes qui se trouvaient éloignées de leur domicile, se sont vues dans la nécessité de demander l'hospitalité, pour la nuit, dans les quartiers où les eaux les ont surprises.

Quelles terribles angoisses souffrent toutes ces pauvres gens qui ont laissé seuls, dans leur maison, qui une mère infirme, un mari malade ou un pauvre petit; qui un père paralytique, une femme, un frère ou une sœur!

Nous ne nous sentons pas le courage de peindre les tristes péripéties de cette nuit horrible.

Chacun a laissé les ouvrages interrompus, pour tenter un sauvetage que la rapidité foudroyante de la crue a rendu presque partout impossible. En moins d'une demi-heure, dans la rue Saint-Antoine, dans le bas de la rue Garonne et dans une grande partie des Cornières, l'eau s'est élevée de plus d'un mètre, et les négociants ont dû sortir de leurs magasins, ayant déjà de l'eau jusqu'à la ceinture.

A la Porte-du-Pin, dès trois heures, les eaux s'engouffraient dans les rues et les maisons, dont la plupart étaient ouvertes, et surprenaient les habitants à qui il ne restait plus que le temps de monter aux étages supérieurs ou de chercher un abri chez les voisins.

Toute la ville a été inondée; il n'y a que l'église des Jacobins et le quartier qui l'avoisine, le Lycée, une partie de la rue du Cat et de la rue des Colonels-Lacuée, et sur un autre point la Halle et quelques maisons voisines de la rue Paulin et de la rue des Cailles, qui n'aient pas subi l'atteinte de l'inondation.

Dans la cathédrale, l'eau s'est élevée à près de trois mètres et a causé de grands dégâts.

L'église de Sainte-Foi a été également inondée à une très grande hauteur.

L'église de Saint-Hilaire a eu son parquet soulevé de plusieurs centimètres, mais les dégâts n'y sont pas très considérables. Quant à la chapelle des Filles de Marie et à la chapelle de Notre-Dame du Bourg, elles étaient sous l'eau.

Le mur du couvent des Filles de Marie, qui longe le boulevard, a été renversé, et le boulevard lui-même, que l'eau recouvrait à plus d'un mètre de hauteur, a subi des affouillements considérables.

Le collège Saint-Caprais a été complétement inondé.

Le chemin de fer et la gare ont été également couverts par les eaux, les communications interrompues entre Toulouse et Bordeaux. Il ne restait libre que la ligne de Paris.

Le Palais-de-Justice a été cerné; on a dû aller chercher en bateau les magistrats et les jurés.

La plupart des administrations publiques ont eu leurs bureaux envahis : La Trésorerie générale, les directions des contributions directes et indirectes ; à la Préfecture, l'eau remplissait la cour d'honneur et arrivait jusqu'aux dernières marches des perrons.

C'est le 24, à neuf heures du soir, que la Garonne a cessé de croître; elle avait atteint une hauteur de *onze mètres soixante-dix centimètres* au-dessus de l'étiage.

En 1770, le plus fort débordement dont on ait gardé le souvenir, la crue ne s'éleva qu'à $10^m 82$; en 1827, à $0^m 51$; en 1836, à $9^m 82$; en 1855, à $10^m 06$. L'inondation actuelle dépasse par conséquent de $2^m 20$ celle de 1827, de $1^m 64$ celle de 1855 et de 80 centimètres celle de 1770.

Il faut remonter jusqu'en 1435 pour trouver une crue capable d'être comparée à celle dont nous venons de subir les ravages. Elle s'éleva alors à $12^m 50$.

De neuf à dix heures du soir, la Garonne s'est maintenue à peu près étale, et ce n'est que vers dix heures que le mouvement de décroissance s'est produit, mais avec une extrême lenteur. A midi, le 25, on comptait encore 10m 48 au-dessus de l'étiage.

II. — Ravages de l'inondation à Agen.

Les ravages de l'inondation causés à Agen dépassent tout ce que l'imagination peut concevoir de plus triste et de plus désastreux.

Jamais on n'a vu rien de plus navrant.

Il faut le voir pour le croire, tel est le cri de douleur qui s'échappe de toutes les poitrines!

De ces belles et coquettes promenades du Gravier qui, il n'y a pas encore quinze jours, faisaient l'admiration des étrangers, il ne reste plus rien, rien!

Les squares si gracieux sont dévastés; les arbres du côté de la Garonne sont déracinés ou disparus; les candélabres, les banquettes sont coupés ou arrachés; les magnifiques baraquements de la foire, que les fermiers n'avaient eu le temps de faire enlever, ont été emportés et une partie de ceux qui restent sont complétement brisés et ne tiennent plus debout.

La chaussée de la route départementale comprise entre le café Massip et le pont de pierre a été enlevée; on est à se demander s'il en a jamais existé.

Les cours Saint-Antoine, du Gravier, rue des Charretiers et Fon-Raché ont beaucoup souffert.

Une partie des écuries de l'hôtel Baron s'est effondrée, et beaucoup de linge, tel que serviettes et draps de lit, que l'on avait emporté dans le grenier de l'écurie, a été emporté par les eaux. L'intérieur de l'hôtel a été grandement endommagé.

Il en est de même de l'hôtel de France, mais dans des proportions moins élevées.

On constate de sérieux dommages aux cafés Foy, d'Agen et Cazaubon. Toutes les maisons des environs ont, en un mot, souffert plus ou moins.

Les arbres de la rue Sainte-Catherine ont été arrachés. Les bains Roques ont résisté. L'intérieur de cet établissement, ainsi que celui de toutes les maisons de cette rue avoisinant le fleuve, ont subi de très sérieuses avaries.

Toutes les maisons des rues des Charretiers, Fon-de-Raché, une partie de la rue Saint-Antoine, des rues Caillou, Loiseau, de la Gendarmerie et Saint-Georges, ont été inondées, mais il n'y a eu aucune mort à déplorer, si ce n'est celle d'un enfant de la rue des Charretiers.

Trois maisons de l'encoignure de la rue Calc-Abadie se sont écroulées. Au Péristyle, toutes les maisons ont été endommagées. Celle que le sieur Valérye venait de faire construire entre le Péristyle et les bains Dallas s'est écroulée et ne présente plus qu'une masse informe.

L'établissement des bains Dallas, qui est sur les bords de la Garonne, a été préservé. C'est un vrai miracle.

La crue était si élevée en cet endroit que les personnes de la maison furent obligées de monter sur les toits et durent ainsi passer plus de douze heures.

On distinguait parfaitement les signaux d'alarme que

faisaient ces pauvres gens; mais personne n'osait s'aventurer à travers le courant impétueux pour aller leur porter secours.

Dans la matinée, cependant, les sieurs Roques et Jaffre eurent le courage d'entreprendre ce périlleux sauvetage, et malgré les mille obstacles qui se présentaient ils réussirent à gagner les bains et recueillirent dans une barque les propriétaires de la maison.

Quant au jardin qui entoure l'établissement, il n'existe plus.

Depuis le mur de clôture jusqu'à la maison d'habitation, ce n'est qu'une vaste excavation d'une profondeur de trois mètres, qui a été creusée par la force des eaux qui ont entraîné la chute du mur du jardin du côté du fleuve et une partie de la digue de la Garonne.

Il faut voir les lieux pour se rendre un compte exact de l'état dans lequel ils se trouvent.

Nous arrivons au Cours du Pont-de-Pierre. C'est ici le quartier qui a le plus ressenti les terribles effets de la catastrophe, et où le désastre a pris d'effroyables proportions.

Aussi est-ce avec un profond sentiment de tristesse que nous avons examiné ces ruines.

Depuis l'hôtel Seigné jusqu'à l'extrémité du Cours du Pont ce n'est qu'amoncellements.

Plus de dix maisons ont été emportées; il n'en reste que l'emplacement.

On cite, parmi elles, la maison Pialoux, Laboulbène, Larat, Ducourneau et Delrieu.

Là, il ne reste debout que celle de M. Vivès.

Du côté de la Route-Neuve-du-Pont, les habitants se souvenant de l'inondation de 1855, avaient abandonné leur habitation. Aussi, dans ces parages, on n'a pas eu à constater de morts.

Beaucoup de ces malheureux ont perdu leur mobilier, qui constituait à peu près toute leur fortune, et n'ont que les vêtements qu'ils portent.

Cours Trénac, la maison d'un marchand de volaille s'est écroulée.

Les quartiers populeux du Cours Trénac, rue Saint-Jean, rue du Temple, rue Pontarique, ont beaucoup souffert, ainsi que certaines rues adjacentes de la rue du Pin, telles que les rues Traverse, Bourrou et de l'Abreuvoir, où les eaux ont séjourné beaucoup plus longtemps qu'ailleurs et dont l'écoulement était empêché par le boulevard Sylvain-Dumon.

Dans cette zône on a eu le malheur d'enregistrer trois morts.

A la gare, l'eau envahissant les caves pleines de barriques de vin appartenant au buffetier M. Ifla, a soulevé les parquets des salles d'attente et jeté à bas les cloisons.

Dans les rues du Pin, des Arènes, Molinier, des Cornières, de la Grande-Horloge, Garonne et Saint-Antoine, on ne sait encore comment chiffrer les pertes cosidérables subies par les habitants de ces quartiers commerçants.

Tout le commerce d'Agen souffrira de l'inondation.

Pour beaucoup de commerçants et d'industriels c'est la ruine absolue.

Nous citerons dans le haut commerce, parmi ceux qui font de grandes pertes : MM. Lannes, Rengade, l'usine à gaz, l'usine de M. Pujoula, minotier ; M. Chassaigne. Tous les épiciers en gros et marchands de nouveautés des Cornières, la maison Saboulard, la maison Jaille, etc., etc., etc.

Les pertes que font ces négociants et industriels sont incalculables.

Parmi les commerçants de tissus en gros, M. Jaudounenc, rue Cornières, M. Justin Baron ont été cruellement éprouvés.

Dans la mercerie, on peut citer les maisons Ducousso frères, qui sont dans le même quartier que M. Saboulard et qui font des pertes immenses ; la maison B. Magne, place des Carmes, a eu toutes ses marchandises, mercerie et quincaillerie, avariées par les eaux pleines de limon terreux et noirâtre ; il en est de même des maisons Bonis et Verdier.

En épicerie, les maisons Gué, Saint-Martin, Lerou, Chassaigne, Grenier, Lanna, Delmas, Affayroux, Ducam, Vigué et autres ont été atteintes. En droguerie, MM. Maillebiau, Jaille et Thomas, Guérineau ; et enfin M. Lanes dont les magasins de toiles et la manufacture ont éprouvé de très sensibles pertes.

Les maisons Desbaux, rue Pont-de-Garonne, et Crouzet, rue Cornières ont fait aussi des pertes sérieuses.

On peut encore signaler comme ayant subi de grandes pertes : pour la chapellerie, la maison Dubarry ; pour les lits et meubles, la maison Lacapère ; pour la mercerie, les maisons E. Mazuré, U. Marcadet, Montariol et Pouyagut ; pour la quincaillerie, la maison Saubés et Tourné ; pour la parfumerie, les maisons Durand et Delpech ; pour les grains, les maisons Caminado et Dartois. Ont également éprouvé de grandes avaries : la succursale du bazar de Dijon et MM. Estrade et Larrieu, marchands sur place.

Actes de dévouement.

Les ravages causés par l'inondation à Agen ont été terribles, comme on vient de le voir ; mais ils ont donné lieu à de nombreux traits de dévouement que nous sommes heureux d'enregistrer. Les uns ont exposé leur vie ; les autres ont prodigué une partie de leur superflu ; les autres ont consacré leurs talents ou leur influence, pour venir au secours des malheureuses victimes. Félicitons tout d'abord l'aide-de-camp du général et le batelier Bissières, qui a pris part à la courageuse tentative de M. le lieutenant Peyrolle, et et qui s'est conduit avec un dévouement digne de récompense.

Voici à ce sujet des détails certains et pleins d'intérêt :

Le jeudi matin à sept heures M. Peyrolle, lieutenant aide-de-camp du général, commençait avec le capitaine de gendarmerie à aller au Passage, puis à l'Hospice, et quand il y revint, il y avait déjà danger à passer devant la Remonte, à cause du courant.

La crue fut tellement rapide du côté de l'enclos Malconto qu'en un instant ce quartier fut envahi par les eaux.

M. Peyrolle commença par (ayant de l'eau jusqu'au cou) porter sur la Plate-Forme les femmes et les enfants de ce pâté de maisons situé à l'extrémité de l'impasse Malconto (famille Didier Lemaître).

Averti par M. Guy de Saint-Exupéry que quatre personnes couraient les plus grands dangers sur le toit d'une maison de la Palme, il chercha vainement un bateau. Il n'y avait, à ce moment, pas une seule embarcation pour tout l'enclos Malconto, la Route-Neuve, la Palme et la Capelette.

Il courut à la rue Palissy (c'était le jeudi 24) y trouva une barque, mais c'est vainement qu'au risque d'être emporté en pleine Garonne, il essaya avec un soldat du 9e dont nous ne nous rappelons pas le nom, de remonter le Gravier, puis de traverser la cour de la caserne pour gagner le gravier par la rue Lamouroux. Le Gravier était un torrent, la cour de la caserne un tourbillon.

Force leur fut de revenir à la rue Palissy, il n'y avait ni bras ni voiture pour transporter le bateau. A ce moment, M. Peyrolle fut averti qu'un bateau arrivait sur la Plate-Forme. Quel bateau ? Il prenait eau de toutes parts et n'avait qu'une gaffe et un aviron et ce n'est qu'avec effroi qu'aidé de M. Grousset, Antonin, (ouvrier ébéniste de Dolmayrac), ils se dirigèrent vers la Palme sans espoir de retour.

L'important pour eux était d'oser et de montrer la route aux autres. Ils furent encouragés par les personnes qui se trouvaient aux fenêtres sur le derrière du cours Trénac, et particulièrement par M. l'abbé Garroute. Le courant les emporta bien au-delà de la Route-Neuve, jusqu'à la Demi-Lune. Ce n'est qu'à grand peine et en se mettant à l'eau plusieurs fois pour décharger le bateau, lorsque les obstacles l'arrêtaient, qu'ils purent arriver à la Palme. Ils trouvèrent quatre malheureux : la famille Merlo (tailleur de pierre) sur l'extrémité d'un toit. (Deux femmes et deux hommes dont un infirme). Il les prirent et ce fut là leur salut, car ils *vidèrent leur bateau avec leurs mains et leurs jupons* tandis qu'ils avaient les plus grandes peines à remonter le courant qui les ramenait toujours vers le Pont-de-Pierre.

Ainsi après avoir failli sombrer (le bateau de toutes parts prenait eau) après avoir failli être brisé vingt fois contre les maisons, ils les déposèrent sur la Plate-Forme. Il était temps, car ils furent obligé d'échouer le bateau, — tout le monde a vu ce grand bateau noir — c'était celui de M. Bissières qui s'est tant distingué !

Le but était atteint. Les premiers, ils avaient osé s'engager dans la plaine, sillonnée par les courants et montrer la route à d'autres.

Plus tard, ils eurent à leur disposition un bateau qu'avait amené là M. le capitaine Mercier. C'est avec ce bateau que toute la journée du jeudi, jusqu'à onze heures du soir, munis de lanternes, avec le nommé Grousset, ils ont fait le sauvetage dans toute la plaine Malconte, La Palme, les environs de la Remonte, Génovois, la Demi-Lune. C'est avec ce même bateau, qu'à trois reprises et le même jour, ils tentèrent d'aller à l'Hospice, dont une aile, disait-on, s'était écroulée.

M. Peyrolle, à une heure et demie, avait tenté d'y aller à cheval. La force du courant l'en avait empêché.

Ces trois essais furent vains. Le courant était tellement rapide qu'il les ramenait toujours vers la Garonne, à l'ouest de l'Hospice. Il fallut alors y renoncer.

Le lendemain, vendredi, à quatre heures et demie, tous les trois : Grousset, Aurich (Guillaume), marin de l'État en convalescence à Agen, ouvrier chauffeur, et M. Peyrolle, partirent pour l'Hospice ; il fallut aller à trois kilomètres en aval de l'Hospice, jusqu'aux tuileries et à la Capelette pour éviter les courants.

Ils mirent deux heures pour arriver à l'Hôpital, et ce n'est que grâce au sang-froid des deux marins, dont le lieutenant s'était fait le pilote, qu'ils purent éviter d'être brisés contre les maisons ou emportés en pleine Garonne.

Les premiers ils arrivèrent à l'Hospice où personne, depuis vingt-quatre heures, n'avait vu un visage du dehors.

Le tocsin sonnait, les signaux de détresse étaient hissés partout. Les premiers, ils pénétraient dans le bâtiment en escaladant les fenêtres. Ils étaient récompensés de leurs efforts de la veille.

C'est là qu'ils firent jonction avec Bissière et Larrat, partis du pont de pierre.

Ils recueillent dans leur bateau les deux malheureux qui, après avoir passé vingt heures sur un peuplier, avaient été *décrochés* par Larrat et Bissière, partis du pont de pierre. Les deux hommes ainsi décrochés avaient été victimes de leur dévouement. Ce sont les nommés Bezet (Antoine), trompette à la Remonte, et Dubarry, infirmier à l'Hospice, ancien militaire.

Ils avaient chaviré le jeudi à onze heures et demie, en voulant opérer un sauvetage.

Toujours avec ses deux jeunes marins, Grousset et Aurich, M. Peyrolle consacra toute la journée et la soirée à porter à Agen les habitants de La Palme, de la Demi-Lune, de Génevois, du quartier de la Remonte, à porter des chargements de vivres (pain, vin, viande, sel et eau pour la tisane des malades) à l'Hospice ; à distribuer du pain dans toutes les maisons, même du lait à des petits enfants qui n'avaient point leur mère (lait qu'ils s'étaient procuré à l'Hospice). On évalue à 120 ou 110 les maisons où ils ont porté des vivres.

Le même jour ils ont transporté du pain au Passage par le pont de pierre.

Le lendemain samedi, ils ont secouru les habitants du Péristyle en leur portant du pain. Dans cette journée, de trois heures et demie du matin à trois heures du soir, ils ont porté dix-huit chargements de pain au pont de pierre.

En résumé, ils ont affronté les premiers les courants

de la plaine, de la Demi-Lune et de la Route-Neuve.

Jeudi, ils ont commencé à deux heures de l'après-midi et fini leur journée à onze heures et demie du soir, avec des lanternes.

Vendredi, ils ont commencé à quatre heures et demie du matin et fini à huit heures et demie. Le soir, ils ont eu une interruption de deux heures, de cinq heures à sept heures.

Samedi, ils commencent à quatre heures et finissent à trois heures pour la recherche des cadavres et les transports des vivres.

Pendant ces trois jours ils ont été constamment dans l'eau jusqu'à la ceinture, soit pour aborder soit pour transporter des personnes à dos.

Il faut citer un nommé Prosper, cantonnier du Canal, domicilié à Sauveterre, qui, pendant la matinée du vendredi, vint à leur secours, en leur aidant à ramer, car leurs forces étaient à bout pour lutter contre les courants.

Nous ne cesserons de répéter que la conduite de l'administration municipale est digne de tout éloge.

M. le maire Meynot s'est fait remarquer par son zèle intelligent. Nous devons également des félicitations à MM. les adjoints qui se sont employés au sauvetage et à l'alimentation avec beaucoup de dévouement.

On ne saurait trop féliciter la gendarmerie, la police et ces braves marins qui, au péril de leurs jours, ont affronté les plus grands dangers.

Nous manquerions surtout à la reconnaissance si nous

ne remercions ces braves défenseurs de l'ordre, ces braves et obscurs soldats qui, depuis trois jours et trois nuits, n'ont pas goûté un instant de repos.

Nous manquerions à la reconnaissance si nous n'exprimions les sentiments de la plus vive gratitude envers les généreux habitants de Villeneuve et de Penne, qui se sont empressés de nous envoyer des bateaux et des vivres en abondance.

Il nous est impossible de pouvoir signaler tous les compatriotes qui se sont distingués par leur héroïque dévouement.

Au nom de la population agenaise tout entière, nous leur disons : Merci ! merci ! !

Voici un sauvetage entrepris par un Agenais que nous nous faisons un devoir de signaler :

M. Lucien Laporte, ancien marin, exerçant la profession de charcutier, rue du Temple, n° 14, est allé, le 24 juin, avec un bateau, prendre à domicile sur le Gravier la famille du capitaine trésorier, M. Vanson.

A midi, il a fait un premier voyage, et malgré le courant et les tourbillons, il a réussi à ramener sains et saufs Mme Vanson, sa nièce, âgée de trois ans, et une vieille bonne, plus deux soldats.

Le capitaine, ayant voulu rester dans la maison, le sieur Laporte s'est employé de nouveau pour le faire rentrer en ville. Ce second voyage était plus périlleux encore que le premier, attendu que la crue avait grossi de 60 centimètres et que, les tourbillons, beaucoup plus forts et le courant plus rapide, avaient rendu le danger beaucoup plus grand. M. Vanson a été ramené sain et sauf avec la caisse du régiment.

Nous devons ajouter que dans le temps où il s'employait avec autant d'abnégation à ce sauvetage, Laporte subissait chez lui des pertes considérables.

Deux de ses chevaux ont été noyés et ses marchandises, qu'il n'a pu tirer de la cave, ont été détériorées.

On évalue à près de trois mille francs la perte que fait ce brave citoyen.

Un habitant de Descayrats a adressé à l'*Union du Sud-Ouest* la lettre suivante dont les détails sont des plus émouvants :

Je veux bien vous raconter les impressions que nous avons éprouvées et le drame poignant dont nous avons été témoins, mais je vous prierai d'excuser d'avance le décousu de mon style et la confusion de mes idées.

C'est jeudi matin, vers neuf heures, que nous dûmes abandonner le rez-de-chaussée et gagner le premier étage ; la maison Soulès paraissant une des plus solides, le propriétaire avait donné asile à plusieurs voisins parmi lesquels la famille Pialoux, son ouvrier et ses domestiques ; à midi nous étions dix-sept personnes, dont quatre enfants en bas âge. Dans la rue de la Remonte le courant, qui était très fort, se dirigeait alors de la Garonne vers l'établissement. L'eau montait mais assez lentement. Ceux qui avaient été témoins de la crue de 1855 n'éprouvaient aucune crainte.

Vers deux heures de l'après-midi l'eau nous arriva du côté de la Route-Neuve avec une telle impétuosité que nous eûmes à peine le temps de gagner le grenier ; nous constatâmes 30 centimètres de crue la première heure et le maximum devait être de 70 centimètres environ.

L'atelier de M. Pialoux, situé derrière nous, fut démoli et nous montâmes sur les toits, pensant que les machines, battant le mur de la maison, allaient inévitablement la démolir ; elles entraînèrent les murs du jardin de Soulès, un chai et enfoncèrent les portes du magasin d'épicerie situé au coin de la rue de la Remonte.

A notre droite en regardant le fleuve, nous avions la maison Batiffoli, celle de Delrieu l'aubergiste et celle de Larrieu le cordier qui étaient parmi nous. Batiffoli, sa femme, son fils et deux étrangers étaient, comme nous, sur les toits ; cinq autres personnes étaient sur les toits de la maison Larrieu, et entre elles deux, Delrieu sa femme, la vieille Lagardère et un soldat retraité du 9e se tenaient dans le grenier. Ce fut la maison de Batiffoli qui céda la première, mais avertis à temps, ils purent traverser la maison Delrieu et gagner la maison Larrieu, qui était la plus élevée. Nous nous attendions d'un moment à l'autre à voir notre refuge emporté, et chacun de nous tenait une épave à la main, pour le cas échéant, pouvoir surnager avec elle. A six heures nous fûmes témoins d'un drame horrible qui ne s'effacera jamais de nos mémoires : La maison Delrieu cédait. « Nous leur crions : « Passez chez Larrieu, sauvez-vous. »

Le militaire prend dans ses bras la femme Delrieu et l'élève contre le mur, tandis qu'on lui tend les mains de chez Larrieu. De son côté, Delrieu cherche à dégager de la toiture la vieille Lagardère, dont la moitié du corps était encore dans le grenier. Mais au moment où la femme Delrieu est sauvée, le toit s'effondre et le militaire, Larrieu et la vieille Lagardère sont précipités dans les eaux. Tout cela se passa en moins de temps que je ne mets à le raconter. Il me semble voir encore ce brave soldat se cramponner au mur de ses mains crispées, tandis que le toit s'affaissait sous ses pieds ; il nagea deux ou trois brassées et disparut derrière un arbre. Nous avons su, depuis, qu'on l'avait trouvé, samedi matin, étreignant la balustrade du quai.

Delrieu s'accrocha au platane situé devant sa maison, tandis que la vieille Lagardère, soutenue par un fragment de toit et prise par un tourbillon, tournoyait avec une rapidité vertigineuse ; elle avait la moitié du corps dans l'eau ; sa figure était ensanglantée, le courant l'apporta contre le platane où était Delrieu.

Elle essaya d'une main de s'accrocher aux branches, mais en vain, un courant contraire fit chavirer l'épave qui la tenait sur l'eau ; sa tête plongea en avant, elle disparût pour se relever dix mètres plus loin, elle chercha de nouveau à s'arrêter à un arbre et nous la perdîmes complètement de vue en face de l'hôtel Seigné. En ce moment, nous nous embrassâmes tous, en jetant un dernier adieu à la vie, c'était déchirant ; sur les toits du Séminaire, un prêtre en surplis nous donnait l'absolution tandis que les cloches sonnaient à mort. A notre gauche, une dizaine de personnes étaient juchées sur les toits de la maison Vivès. De chez Larrieu, on jette une corde à Delrieu, il l'attache autour de son corps, et on le hisse sur les toits.

Les maisons de la rue de la Remonte se démolissaient et les habitants, passant de l'une à l'autre, gagnaient celles qui sont encore debout.

A huit heures et demie, le froid excessif nous força à rentrer dans le grenier. Nous nous jetons sur des matelas; les femmes descendent l'escalier à tout instant pour savoir si l'eau diminue Nous entendions l'affreux grondement des eaux, et, de temps à autre, le bruit formidable d'un écroulement. Vers minuit, nous entendons crier plusieurs fois : « Au secours! Je me noie! » Larrieu monte sur le toit, une masse noire passait au loin, et il entend distinctement : « Adieu, Blanche! adieu. » Nous avons appris depuis que c'était Mᵐᵉ Ducourneau qui donnait sa dernière pensée à sa fille. Nous entendîmes encore quelques cris dans la même direction. Plusieurs d'entre nous veulent abandonner la maison pour se réfugier sur les deux petits ormeaux du jardin. C'était de la folie!

Nous passâmes une nuit horrible, les machines agricoles battant les murs et les portes produisaient un bruit sourd qui nous donnait le frisson ; notre vie entière passait devant nos yeux et nous nous rappelions les jours de joie; puis nous songions à la triste fin de la vieille Lagardère et du soldat. Comme le destin est bizarre : ce dernier qui comptait vingt-six ans de service et prenait sa retraite, s'était arrêté mercredi soir à l'auberge Delrieu où les eaux l'avaient surpris. A trois heures et demie, le jour commença à paraître ; nous montâmes de nouveau sur les toits et nous échangeâmes des saluts avec nos voisins de chez Larrieu et de chez Vivès.

Nous demandions du secours ; le temps n'était pas encore propice ; à neuf heures, Jarrat, Bissières et Denain, bravant les plus grands périls, vinrent opérer le sauvetage. Le danger étant passé, quelques-uns ne voulaient pas partir ; à midi, grâce au dévouement, au courage et à l'abnégation de ces trois marins, une soixantaine de personnes étaient en sûreté dans l'établissement de la Remonte.

M. Baron signale au *Lot-et-Garonne* les actes de dévouement de quelques hommes qu'il avait sous ses ordres qui ont accompli beaucoup de sauvetages. Nous nous empressons d'enregistrer la lettre de cette âme généreuse qui a fait tant de fois elle-même, surtout en cette occasion, preuve dévouement :

Monsieur le Rédacteur,

Si vous le voulez bien, laissons ma personnalité de côté, et permettez-moi de vous signaler comme s'étant particulièrement distingués : Eugène Sarrazin, mon employé, le nommé Sainte-Marie Chollet, le nommé Bernardini, (Guillaume) ; Piot Troisième, charpentier, et Lucien son beau-frère.

Voici la liste des sauvetages par ordre, avec le nombre de personnes ; si vous voulez les noms je vous les ferai parvenir.

1° Le 24 à deux heures, Sarrazin, Piot, Lucien, à Sembel : un homme, trois femmes, trois enfants au berceau, près Coumet, marchand de bois, débarqués à la Porte du Pin.

2° Lucien, Sarrazin et Chollet. Retour à Sembel, pris un malade couché, deux femmes et un homme, débarqués à la Porte du Pin.

3° Route Neuve, près la guérite d'octroi qui avait disparu, pris une femme, un homme et sur la Route Neuve, une vieille femme qui avait percé le plafond et allait se noyer.

4° Lucien, Sarrazin, Chollet, près Coumet, marchand de bois ; retour dans la Route Neuve par la rue Saint-Martial, sauvé, malgré les torrents d'eau, un ancien boucher, dit le Soldat, qui était emporté et se noyait.

5° Sarrazin, Chollet, pris Bernardini, sauvé Barreyre, deux femmes, deux hommes.

Voilà pour le 24 ; maintenant passons à la journée du 25, qui n'est pas moins bien employée.

1° Route Neuve, deux femmes, un homme, la famille Coumet avec d'autres personnes en un seul voyage, onze personnes.

2° Sarrazin, Chollet, Bernardini, Coumet, près M. Glady, avocat, la famille Courtégo, sept personnes.

3° Sarrazin, Chollet, Bernardini, sauvé le père et la mère Charpentier et une femme de soixante ans et la famille Renault, cinq personnes.

4° Chollet, Bernardini, Sarrazin, Coumet, allés à la Remonte, pris à la maison de la cantinière, avec M. Andrieu, employé des ponts et chaussées, quatre femmes, trois enfants et la petite *Ducourneau*.

3° Revenus Route Neuve, pris la famille Baragnes, et à l'usine Lannes, neuf femmes et un employé.

Le lendemain 26, sur l'ordre de M. l'Ingénieur en chef, le même bateau monté par Chollet, Bernardini et Lucien partit avec six cents livres de pain, pour la plaine entre Colayrac et Saint-Hilaire où il est resté jusqu'au lendemain.

Les actes d'héroïsmes n'ont pas manqué, tout le monde a fait son devoir.

Nous nous en voudrions de passer sous silence la belle conduite du commissaire de police. Nous l'avons vu tout organiser avec un zèle et une intelligence qui ne nous ont pas surpris, mais que nous sommes heureux de constater.

Citons encore M. Lasoujade, directeur du gymnase, qui s'est admirablement conduit et qui, avec ses périssoires, a affronté les plus grands périls et rendu de vrais services.

M. Delmas, architecte, puis M. Paul Garic, employé chez M. Eugène Lacoste ; les soldats du 9e de ligne, un ouvrier nommé *André*, qui travaille chez le sieur Paul, cordonnier, rue de la Grande-Horloge et M. Ningre, employé chez MM. Astresse et Bruchet, méritent tous d'être signalés pour leur dévouement.

N'oublions pas le contre-maître de M. Saboulard, à Descayrac, M. Marcelin, qui a veillé pendant vingt-quatre heures sur neuf personnes en les sauvant de toitures en toitures.

Voici une scène émouvante, rapportée par le *Lot-et-*

Garonne, qui s'est passée le jeudi dans l'après-midi sur le boulevard de la gare à Agen, et qui fait le plus grand honneur à tous ceux qui en ont été les acteurs.

Vers deux heures, au moment où la crue surprenait violemment ce quartier, un militaire du 9e de ligne qui aidait le propriétaire du Bazar de Dijon à déménager, voulut traverser le côté de la route où se trouvait une partie de son régiment pour se préserver ; mais le courant était devenu tellement rapide qu'il fut entraîné et s'accrocha à un arbre de l'avenue.

Aussitôt des gendarmes, des soldats et d'autres personnes présentes coururent chercher une barque pour voler au secours de ce malheureux. Vains efforts. Impossible d'avancer. M. le commandant de gendarmerie Massol et M. le capitaine Devosse donnèrent l'exemple en se précipitant à cheval à travers les flots ; mais ils faillirent être victimes de leur courage, car le courant commençait à entraîner leurs chevaux qui n'ont pu prendre pied qu'après des efforts inouïs.

C'est alors que le nommé Jean Boé, cordonnier, rue Lagasse, propose de se mettre à la nage. S'étant fixé une corde autour du corps, il se dirigea d'arbre en arbre ; mais au moment d'atteindre celui qui portait le militaire, il perdit ses forces. Et voilà deux hommes à délivrer au lieu d'un ! Il était quatre heures. Deux courageux citoyens, MM. Prouzet fils et Dominique Larouge montèrent dans une embarcation et se dirigèrent vers les deux naufragés qui avaient de l'eau jusqu'aux épaules. Au moment où ils les atteignaient, la barque chavira. Larouge se sauva en nageant ; mais Prouzet fils s'accrocha aux branches d'acacias. Et voilà trois personnes en danger de mort!

Ces pauvres gens criaient : Sauvez-nous ! Sauvez-nous ! Ils allaient disparaître quand deux barques, montées par d'habiles et courageux marins, MM. Jean Martin, à Saint-Sixte; Jean Vigel, à Boudou, près Moissac; Pierre Laporte, d'Auvillars; Antoine Laporte, d'Auvillars ; Antoine Laporte, d'Espalais, près Valence; Jean Figuier, charpentier, à Agen ; Delpech (Blaise), à Agen; René Jomier, de Sauveterre ; Jean Olivier, de Moissac ; Joseph Billoux, à Agen, apparurent sur les lieux et parvinrent, après une terrible lutte contre le courant, à recueillir les trois naufragés presque mourants et dont les angoisses avaient duré quatre heures.

Les braves marins dont nous avons le plaisir de pouvoir publier ici les noms, ne se sont pas distingués que sur ce point. Pendant toute la journée du 24 et la sinistre nuit du 25, ils ont rendu à la ville d'Agen d'immenses services.

Encore un trait de courage et de dévouement à enregistrer.

Jeudi soir, vers trois heures, au moment où les eaux furieuses de la Garonne avaient déjà envahi les abords du Palais-de-Justice et de l'hôtel de la Préfecture, et inondé la plupart des quartiers de notre ville, des cris de détresse se sont fait entendre du côté de Malconte.

A ce moment, M. Dufour, surnuméraire de l'enregistrement, très-habile rameur, qui se promenait en curieux sur le cours de la Plateforme, aperçoit une barque inoccupée. Il y monte hardiment avec trois jeunes gens de son âge, dont je regrette de ne pas connaître les noms, et se dirige avec eux vers les lieux d'où partent les cris. Bientôt ils aperçoivent un vieillard, deux femmes et un enfant, qui avaient cherché un dernier refuge sur la toiture de leur maison.

Ces malheureux sont recueillis, mais ils ne sont pas encore sauvés. La barque n'est pas en très bon état : elle est d'ailleurs trop petite pour supporter sans un grand danger le poids de huit personnes.

Que faire? M. Dufour se dévoue et dit aux trois courageux jeunes gens qui se trouvaient avec lui : « Partez, » sauvez ces malheureux ; je vais rester sur la toiture : » vous reviendrez me chercher. »

Le sauvetage put en effet s'opérer ainsi dans d'assez bonnes conditions. Mais les eaux grossissaient de plus en plus, et la barque avait été légèrement trouée dans le trajet : impossible de revenir avec cette embarcation au secours du courageux sauveteur qui s'était si généreusement dévoué.

M. Dufour a dû rester deux heures sur cette toiture, et les eaux augmentaient toujours. Il allait infailliblement périr, lorsqu'il aperçoit enfin dans une barque le docteur Dupouy qui, lui aussi, a donné, dans cette fatale journée, de nombreuses preuves de courage. Il l'appelle, et M. Dupouy vient le recueillir.

A peine échappé, M. Dufour va courir, avec son sauveur, à des dangers plus grands encore.

Ils aperçoivent au loin quatre personnes, un jeune homme, deux femmes et un soldat, sur un mur violemment battu par les eaux et près de s'effondrer. Ils y volent, et, malgré un courant furieux qui, plusieurs fois compromet leur existence, ils parviennent, après bien des efforts, à dérober quatre personnes de plus à une mort certaine.

De pareils actes ne doivent pas rester inconnus, et ceux qui en sont les auteurs doivent être signalés à l'estime et à la reconnaissance publiques, leur modestie dût-elle en souffrir.

Nous avons à signaler à présent des actes de dévouement d'un autre genre.

Mgr Fonteneau, évêque d'Agen, est allé sur les lieux du sinistre apportant des secours et des consolations.

Vendredi soir, affrontant les plus grands périls, en compagnie de M. Manec, vicaire-général, et de l'aide de camp Peyrolle, Monseigneur est monté dans une barque pour se rendre à l'Hospice répondre à des signaux de détresse qui avaient été donnés depuis la veille, apporter quelques consolations aux vieillards et aux malades.

Samedi matin, Monseigneur a visité en bateau le quartier de la rue des Charretiers et le quartier Saint-Antoine, qu'il a contourné jusqu'à la maison Dallas; Sa Grandeur a distribué 150 livres de pain et quelques ressources.

Samedi soir, Monseigneur a visité à pied les rues les plus pauvres et les plus endommagées du quartier du Pin, où il a distribué également quelques ressources.

Le même jour a eu lieu à l'Evêché une distribution de pain.

Dès le premier jour du désastre, Monseigneur avait recueilli quelques familles pauvres et chassées de leurs maisons par les flots toujours croissants.

Après ces premiers secours distribués à sa chère population d'Agen, le digne Pasteur s'est empressé de voler dans toutes les paroisses inondées, pour leur prodiguer des ressources et des consolations. Après quoi, il s'est constitué le pourvoyeur de tous ses enfants malheureux ; et dans ce but, il a adressé en faveur des victimes un mandement éloquent et pathétique, qui a été couronné des plus brillants succès, non seulement dans le diocèse, mais encore sur tous les points de la France, d'où les secours affluent à l'évêché. Ensuite payant toujours de sa personne, Monseigneur s'est rendu au Ministère pour implorer de nouveaux subsides, et il en est revenu tout heureux, car ses vœux avaient été exaucés.

Nous croyons être agréable à nos lecteurs en reproduisant ici le mandement de Mgr l'Evêque :

Nos chers Coopérateurs,

La main de Dieu s'est appesantie sur nous d'une manière terrible.

Que de familles désolées, que de maisons, que de villages en ruines dans nos campagnes, hier encore si belles, si plantureuses et si riches d'espérances près de se réaliser.

Quelques heures ont suffi pour semer la mort et la

désolation sur les rives de notre fleuve débordé et jusque dans notre ville épiscopale.

Nos pertes sont grandes ; grandes aussi les détresses à soulager. Les rumeurs qui parviennent jusqu'à nous déchirent notre âme.

A qui nous adresser, bien-aimés Coopérateurs, sinon à votre dévouement si souvent éprouvé ? Vous solliciterez avec tout votre cœur la charité des fidèles et vous serez entendus.

Nous avons hâte de faire parvenir jusqu'à vous le cri de notre angoisse ; ne sommes-nous pas tous frères en Jésus-Christ?

Veuillez, notre lettre reçue, faire des quêtes à domicile et dans vos églises. Vous voudrez bien en adresser le produit au secrétariat de l'évêché le plus promptement possible. Il ne suffit pas que la charité se manifeste, il faut qu'elle intervienne à temps.

Nous recommandons à vos prières et à vos saints sacrifices les victimes, hélas ! trop nombreuses de l'inondation.

Recevez, nos chers Coopérateurs, l'assurance de notre affectueux dévouement.

† JEAN-ÉMILE, Évêque d'Agen.

Marchant sur les traces de leur digne chef, les membres du clergé ont rivalisé de zèle, de dévouement, de générosité, de courage même, en cette occasion, soit pour aider au sauvetage, soit pour enlever la réserve dans les églises et chapelles de la ville inondées, ou bien encore pour porter des secours à tous ceux qui étaient dans le malheur.

Nous ne manquerons pas de signaler à la reconnaissance de la population et à l'admiration de la postérité, un trait de dévouement plein de délicatesse que la jeunesse d'Agen sut nous offrir en cette circonstance.

Au lendemain de l'inondation, la lettre suivante fut adressée à l'*Union du Sud-Ouest* :

Un immense malheur vient de frapper la ville ; une profonde misère en est la suite. Il est nécessaire d'apporter le plus tôt possible des secours à ceux qui en ont besoin.

L'inondation a surpris les quartiers pauvres. Beaucoup de malheureux ont perdu leurs vêtements, leur linge, leurs couches. Dans les quartiers moins atteints, il n'est pas une famille, si peu aisée qu'elle soit, qui ne puisse disposer de vêtements hors d'usage, de linge, d'objets de literie, qui seraient d'un précieux secours pour les victimes de l'inondation actuellement privées de tout.

Les soussignés voudraient voir se former un comité pour recueillir et distribuer au plus vite ces objets.

En conséquence, ils prient tous ceux qui voudraient apporter à cette œuvre le concours de leur activité, de se réunir demain matin, à neuf heures, chez M. Pichon.

A. PICHON, avoué.
A. CABADÉ, avoué.
GUY de SAINT-EXUPÉRY.
Joseph CHAUMIÉ, avocat.

Louis AUNAC.
LABESQUE fils.
DARQUÉ.
Emmanuel CHAUMIÉ.
Eugène CABRIT.
Henri SABATIER.
Guillaume MOULLIÉ, avocat.
Joseph de LACVIVIER.

L'appel fait par ces jeunes gens pour venir en aide aux malheureux inondés a été entendu : vêtements, objets de literie, linge, chaussures, graisse, bois, denrées, meubles, etc., tous les objets enfin qui sont de première nécessité ont été recueillis en masse par leurs soins. Leur mission finissait là ; aussi ils ont eu l'heureuse idée de confier la distribution des objets recueillis à la main intelligente et scrupuleuse des sœurs de la Miséricorde qui ont arraché des familles entières aux horreurs d'une complète misère.

Honneur à ces âmes généreuses, providence du pauvre ! honneur à tous ceux qui ont si noblement accompli leur devoir !

Ces actes de dévouement furent couronnés par le plus grand peut-être de tous en son genre, par la visite de M. le maréchal de Mac-Mahon.

Le chef de l'État fit son entrée dans les murs de la ville, le mardi, à une heure de l'après-midi, venant de Layrac où il avait débarqué de Tarbes.

Près de deux mille personnes stationnaient aux abords du Pont-de-Pierre où la réception a eu lieu.

M. le Préfet était allé à l'avance de M. de Mac-Mahon jusqu'à Layrac, où des voitures avaient été mises à sa disposition et à celle de sa suite.

C'est M. le maire Moynot qui l'a reçu.

Voici en quels termes l'honorable magistrat s'est exprimé :

» Monsieur le Maréchal,

» Nous vous appelions de nos vœux. Rien ne pouvait nous être si doux, après ce désastre, que de vous voir au milieu de nous, vous qui avez toujours été sur le chemin de l'honneur et de la gloire, et qui êtes aujourd'hui le défenseur de l'ordre et des intérêts les plus sacrés du pays. La marque de sympathie dont vous nous honorez laissera parmi nous un impérissable souvenir. La ville d'Agen vous offre, Monsieur le Maréchal, l'hommage de sa reconnaissance. »

M. de Mac-Mahon a répondu sur le ton de la causerie beaucoup plutôt que sur celui du discours, qu'il était pressé d'aller visiter Lamagistère et Golfech, si effroyablement éprouvés, et qu'il promettait une visite de cinq heures à Agen, demain mercredi, durant laquelle il distribuerait des secours.

Il a principalement insisté sur le regret qu'il éprouvait de ne pas s'arrêter à Agen aujourd'hui même, mais que les malheurs de Golfech et de Lamagistère le sollicitaient trop vivement pour qu'il tardât un instant à s'y rendre.

Le Maréchal, qui avait mis pied à terre pendant ce temps et qui était entouré de M. Buffet et de plusieurs généraux, termina en priant M. Meynot à dîner ce soir à la préfecture, à son retour des localités ci-dessus nommées, et remonta en voiture, où prirent place à ses côtés le ministre de l'intérieur, le préfet et le premier président de la cour d'appel.

La foule formait la haie aux abords du pont et était tenue en respect par des sergents de ville.

Le cortége était ouvert par un peloton de gendarmes en grand tenue.

Après la voiture du Maréchal, où se trouvaient les personnages que nous avons dit, venaient plusieurs autres voitures dans lesquelles nous avons remarqué plusieurs généraux, les officiers d'ordonnance du maréchal, le secrétaire de M. Buffet, le général de Salignac-Fénelon, le procureur général, S. G. Mgr Fonteneau, la commission départementale, puis plusieurs propriétaires de la ville et des environs qui avaient voulu escorter M. de Mac-Mahon.

Le cortége était fermé par un peloton de la ligne et par deux brigades de gendarmerie sous le commandement d'un capitaine.

La foule s'est portée à la suite du Maréchal du côté de la Préfecture, où il est descendu, et où les présentations ont été faites.

Après avoir pris quelques rafraîchissements et un instant de repos, le Maréchal est parti pour Lamagistère, d'où il est revenu le soir même afin de consacrer la matinée à visiter notre ville et de rentrer à Paris par l'express de deux heures.

Le matin, M. de Mac-Mahon, accompagné des autorités locales de sa suite, s'est rendu à la Cathédrale par la rue Porte-Neuve des Cornières, où Mgr Fontoneau l'a harangué en ces termes :

« Monsieur le Président,

» Vous avez compris qu'une des plus nobles prérogatives du pouvoir confié à vos vaillantes mains est d'essuyer les larmes en consolant les affligés, en soulageant la souffrance de ceux qui voient en votre personne un père aussi bien qu'un chef. A la première nouvelle des désastres inouïs dont la main de Dieu vient de frapper nos contrées si belles et si riches, il y a quelques jours, vous êtes accouru vers nous, apportant à tous des encouragements et des exemples. Vous ne vous contentez pas, M. le Maréchal, de pleurer avec ceux qui pleurent, d'ouvrir votre main généreuse pour secourir nos pauvres inondés, vous voulez encore leur inspirer de saintes et salutaires pensées par votre présence aux pieds de Celui qui frappe et qui guérit. C'est donc avec un sentiment de profonde et respectueuse gratitude, Monsieur le Président, que l'Evêque d'Agen vous accueille dans ce temple où tout vous redira d'une manière éloquente les ravages du fléau qui a semé la ruine et la mort parmi nous. Les fidèles et le clergé de cette ville et du diocèse s'uniront à moi pour demander au Seigneur qu'il conserve à la France l'illustre et vaillant soldat qui, après l'avoir si courageusement défendue sur tant de champs de bataille, est devenu son guide et son chef pour le maintien de l'ordre et de la paix. Nous prierons également pour les victimes, hélas ! trop nombreuses que cette terrible inondation a surprises et qui laissent des veuves et des orphelins dans la douleur et la misère. Le Dieu des miséricordes, le Dieu qui protége la France entendra notre cri de détresse et exaucera nos prières. »

Après avoir donné au Maréchal l'encens et l'eau bénite, Monseigneur l'a accompagné au sanctuaire où un fauteuil et un prie-Dieu lui avaient été préparés ainsi que des places pour sa suite.

On a chanté le *Laudate* et le *De profundis* pour les victimes de l'inondation, puis Monseigneur a donné la bénédiction pontificale.

Pendant la cérémonie on a remarqué l'attitude profondément impressionnée et recueillie du Maréchal donnant à tous l'exemple d'une édifiante piété.

Cette cérémonie s'est terminée par la bénédiction du Très-Saint Sacrement.

Toujours en voiture, le Maréchal s'est rendu au Péristyle et à la maison Dallas en suivant les Cornières, la rue Garonne et la rue Saint-Antoine.

A l'angle de la rue Saint-Antoine, M. le Maire a demandé au Maréchal de classer parmi les monuments historiques le château de Montluc, qui plus tard à servi à Agen de prison départementale.

Les poutrelles qui avaient servi à édifier le barrage de la rue des Charretiers l'ont empêché de visiter cette rue.

Il en est de même de la rue Sainte-Catherine, obstruée par les arbres arrachés et par des obstacles de toute nature.

Le Maréchal a eu le cœur navré des ravages qu'ont opéré les eaux en ces parages.

Sur le Gravier, si épouvantablement raviné, M. Meynot a demandé au Maréchal, pour restaurer cette magnifique promenade, une compagnie du génie.

Du Gravier, le Maréchal s'est dirigé vers Rouquet et les Petites-Sœurs des Pauvres.

Arrivé à Rouquet, le Maréchal et M. de Cissey ont poussé une exclamation simultanée provoquée par la ressemblance frappante qu'offrent ces lieux, aux roches escarpées et cette plaine cachée par un rideau de peupliers, avec les abords de Sébastopol.

Il serait impossible, se sont-ils écrié, d'enlever une telle position.

Les Petites-Sœurs des Pauvres ne s'attendaient pas à la visite du Chef de l'Etat.

Aussi, grande a été la surprise de ces bonnes religieuses, mais plus grand encore a été leur contentement.

M. de Mac-Mahon a chaudement félicité madame la Supérieure de la bonne tenue de son établissement.

M. de Cissey, compatriote de la fondatrice de ces lieux d'asile (M. de Cissey, comme elle est originaire de Saint-Servan), s'est joint au Maréchal, en exprimant aux bonnes sœurs les sentiments de la plus sympathique reconnaissance au nom de l'armée et des pauvres.

Le cortége s'est remis en marche dans la direction de la gare, qu'il a rapidement visitée. Puis il a continué vers les quartiers du Pin et la Route Neuve.

A l'Hospice, où il s'est rendu ensuite, il a été reçu par Madame la Supérieure et ses excellentes auxiliaires.

Le Maréchal a visité cet établissement dans tous ses détails et a adressé à la Directrice des compliments bien mérités.

Madame la Supérieure a signalé à M. de Mac-Mahon M. Bouet fils, membre de l'Administration de l'Hospice, comme s'étant fort distingué dans les secours qui ont été apportés aux inondés de son établissement.

Cet honorable magistrat est arrivé immédiatement après M. le lieutenant Peyrolle, dont nous avons eu occasion de vanter la courageuse conduite.

De l'Hôpital, l'illustre visiteur a gagné le Pont-de-Pierre ; là il a mis pied à terre et a minutieusement visité le quartier Descayrats, le plus abimé de tous ceux de la ville.

Mademoiselle Ducourneau, la fille des deux victimes dont nous avons parlé, a été présentée au Maréchal.

M. le capitaine Artigalas, adjoint du génie, qui a perdu sa mère et sa sœur, a été également présenté au Maréchal par M. le Maire.

M. Meynot a conduit ensuite M. de Mac-Mahon chez M. Pialoux, dont les ateliers ont été complétement détruits.

Rien de saillant devant le passage du Maréchal rue Lamouroux et Grand-Séminaire.

A la caserne, après avoir examiné les dégâts, le Ministre de la guerre demande au Maire de lui présenter un rapport au sujet de l'assiette du casernement.

Après quoi le cortège rentre à la Préfecture.

Sur le perron le Maréchal remet de ses propres mains, en leur adressant des paroles amicales et de remerciement, la croix de la Légion d'honneur aux braves marins dont nous avons signalé les actes d'héroïsme.

Ces braves présentés par le Maire sont Bissières et Larat qui, ne pouvant contenir leur joie, prennent les mains du Maréchal à plusieurs reprises et les serrent avec effusion en criant : *Vive le Maréchal de Mac-Mahon !*

Des médailles d'honneur ont été ensuite remises à Dubarry, infirmier de l'hospice, et Dureins, marin.

Le Maréchal est rentré après cela dans ses appartements.

Après avoir pris quelques aliments, vers dix heures, il est monté en voiture pour aller visiter Colayrac, Saint-Hilaire et Fourtic.

De là, il devait se rendre par le chemin de fer à Aiguillon, Marmande, La Réole et Langon.

Voici la liste officielle des diverses récompenses décernées par le Maréchal de Mac-Mahon :

M. Massol, chef d'escadron de gendarmerie, nommé officier de la Légion d'honneur.

M. Peyrolle, lieutenant au 20e de ligne, officier d'ordonnance du général Minot; M. Mercier, capitaine de la Remonte; M. Bissière (Jean), pêcheur, et M. Larrat, pêcheur, nommés chevaliers de la Légion d'honneur.

M. Aunac, décoré;

M. Manec, vicaire général, décoré.

Auriac, marin de l'Etat, en convalescence, et qui montait la barque conduite et manœuvrée par M. Peyrolle, médaille militaire.

Baizet, trompette de la Remonte, médaille militaire.

Dubarry, infirmier de l'hospice, médaille militaire.

Durens, médaille d'or de sauvetage.

Grousset (Antoine) ébéniste, à Dolmayrac, rameur de la barque que conduisait M. Peyrolle, proposé pour la médaille d'or,

De plus, sept ou huit gendarmes ont reçu la médaille militaire.

Vingt ou vingt-cinq habitants sont proposés pour des médailles d'argent de sauvetage de 1re et 2me classe.

De plus, Bissières, Dubarry et Carrier, qui ont perdu leur barque en faisant des sauvetages, seront dotés d'une nouvelle barque.

Voici, d'après les constatations officielles, les victimes de l'inondation à Agen : M. Reverchon (Paul), 46 ans, retraité du 9e de ligne; Guilhem, enfant de six ans; Quentin Montmayran, cloutier, 56 ans, rue Traverse; Jean Supery, tailleur, 84 ans, cours du Pin; M. et Mme Ducourneau, cours du Pont; femme Isabelle Crébessac, veuve Lagardère, cours du Pont; Mme Artigalas, cours du Pont (cadavre retrouvé à Colayrac); Mme Artigalas (cadavre retrouvé à Saint-Cirq).

Finissons ce douloureux récit en donnant quelques renseignements sur les principales localités qui ont été ravagées par le terrible fléau en aval ou en face d'Agen.

Dolmayrac.

L'honorable M. Canieu nous transmet les détails suivants :

Les sieurs Edmond Lamouroux, Marcelin Roumégous (18 ans), Saubusse, Géraud Sarramiac aîné, Armagnac, tous de Dolmayrac, se sont couverts de gloire par le sauvetage difficile qu'ils ont opéré, gloire d'autant plus méritée que ce sont des cultivateurs n'entendant rien à la navigation.

Près la fabrique de M. Jaille, la famille Dubarry était sur le toit. Neuf personnes voyaient arriver la mort, puisqu'il n'y avait que dix centimètres pour atteindre le toit. Aussitôt, prenant un bateau du barrage et n'ayant qu'un aviron et quelques barres de bois, ces hommes courageux traversent le torrent ; plusieurs fois le bateau est emporté contre les arbres qu'ils évitent ; par trois fois, au moment d'aborder, le bateau est repoussé par le courant; enfin ils sont assez heureux pour sauver cette famille qui avait vu écrouler sous ses pieds une partie de la maison. Un vieillard faisait résistance, il est saisi par Géraud Sarramiac qui le met dans le bateau.

Repartant aussitôt, ils vont à la métairie de M. Dauzac, dite de Blanquette ; là, quatre personnes étaient dans le grenier, agitant leurs mains par un trou en signe de détresse. Découvrir la maison pour faire passer ces malheureux a été fait avec une dextérité presque incroyable. De là les mêmes sauveteurs vont retirer trois personnes au dessous de Dolmayrac, la famille Marasset. A peine celle-ci eût-elle quitté sa maison qu'une partie s'en est effondrée.

Entendant de nouveaux cris du côté de la Fabrique, ils traversent encore et vont chercher le père et la mère du sauveteur Bissière, la femme et l'enfant Frayssinet, et un vieillard, Jean Lamouroux.

Passage d'Agen. — Monbusq.

Le Passage d'Agen a été littéralement couvert par les eaux. On entendit tout le jour et toute la nuit des cris de détresse poussés par les inondés. On craignait de grands malheurs : on n'a eu cependant à enregistrer que l'écroulement de quelques maisons, mais pas de mort d'homme.

Les marins Gilles, Rozières et Villes ont sauvé, dans la propriété de M. Laboulbène, M. Martin, réfugié pendant toute la nuit du 24 au 25 juin, sur un pilier autour duquel les ruines s'amoncelaient.

M. Célestin Descomps, seul dans un bateau, a rendu de grands services dans la section de Monbusq.

MM. Laroche, les deux frères Mieussens, Moreau, Lataste père et fils, Lalanne père, Faget fils, Viellecazes et Raumel, patron du bateau à vapeur, ont fait preuve également de beaucoup de courage et de dévouement.

Le sieur Ramon et sa femme s'étaient réfugiés dans la plaine de Monbusq, sur la toiture de leur maison bâtie en terre et torchis ; ils allaient être entraînés par les eaux, lorsque leurs cris déchirants furent entendus de l'autre côté du fleuve par le sieur Canot, le vaillant chef de la grande pêche de l'aloze, à Colayrac ; ce brave marin n'hésite pas un instant à voler au secours de son ami ; il embrasse sa femme, lui fait ses adieux les plus touchants, part avec son fils sur une frêle barque, échappe par miracle à la violence des courants et est assez heureux de sauver ses amis, à l'instant même où ils s'attendaient à une mort certaine.

Après leur avoir donné l'hospitalité dans sa maison, Canot vole au secours des métayers du Caméla qui s'étaient réfugiés, avec leurs bestiaux, sur des meules de foin et de paille entassées dans la grange et les met en lieu de sûreté.

Colayrac.

Colayrac a beaucoup souffert. Vingt-cinq maisons et soixante remises ou hangars ont été démolis. M. le Maréchal a daigné visiter les lieux du sinistre, distribuer des secours et adresser des félicitations à ceux qui s'étaient le plus signalés par leur dévouement et dont voici les noms : Capus, Lagarde frères, Paul Biard, Calbet, Pierre, Landé, Félix, Lagarde dit Pichounas et son fils, Larroche dit Pierrillou, Pryoula père et fils, Descoms frères, et Bru fils.

La ligne du chemin de fer a été fortement endommagée.

Saint-Hilaire.

Saint-Hilaire a été moins éprouvé; cependant, dans cette commune une dame et une demoiselle Lalé ont péri en voulant sauver leurs poules.

Le cadavre de mademoiselle Lalé a été seul retrouvé jusqu'ici. Cette infortunée portait sur elle une somme de 2,709 fr.

Port-Sainte-Marie.

La chaussée du quai a été enlevée et a entraîné avec elle toute une ligne de maisons qui se sont effondrées.

Nous devons signaler, au milieu des désastres, la conduite admirable de quelques hommes de cœur qui se sont dévoués pour porter des secours sur les points les plus menacés. Les gendarmes ont été au-dessus de tout éloge, et notamment le sieur Latané; grâce à eux et au concours de quelques marins intrépides, les sieurs Barthe fils, Tourrès à Clermont-Dessous, Giscard père, Giscard fils et une compagnie de Toulousains dont je regrette de ne pouvoir donner les noms, plus de vingt personnes ont été sauvées d'une mort certaine, et une quantité importante de bétail a été mise à l'abri de tout danger.

Saint-Laurent.

Comprimées par les côteaux du Port-Sainte-Marie, les

eaux se sont précipitées avec fureur sur la commune de Saint-Laurent et y ont causé des dommages considérables : la récolte en blé a été entièrement submergée sur toute l'étendue de la commune ; le tabac, nouvellement planté, a été détruit en totalité. Les pommes de terre ont été déracinées ; le maïs, les haricots et autres menus grains ont beaucoup souffert.

La fabrique de briques de M. Monbet, adjoint de la commune, a éprouvé de bien grands dégâts ; l'usine s'est effondrée, les vastes hangars qui en dépendaient ont été démolis et emportés par la force du courant, ainsi qu'un très grand approvisionnement de bois destiné au chauffage de l'usine.

Aux abords du village, deux ateliers de cordier et d'autres constructions ont été démolis et emportés par les eaux furieuses.

Deux marchands de bois, MM. Marquès et Basquet aîné ont perdu plusieurs piles de bois de diverses dimensions, dont la valeur peut être portée à une forte somme. Plusieurs têtes de bétail ont été noyées.

On doit ajouter à toutes ces pertes une grande quantité d'arbres fruitiers et autres qui ont été déracinés et emportés par le courant, des excavations sur les chemins vicinaux et des terrains enlevés sur divers points de la commune.

Dans l'église, les ornements sacerdotaux ont été submergés par les eaux ; une colonne derrière le maître-autel sur laquelle était placée une statue du Sacré-Cœur qui faisait l'admiration de tous, a été renversée contre la cloison du sanctuaire sans que la statue ait eu à souffrir de cette chute. L'autel de la chapelle de Saint-Laurent et celui de la Vierge sont aussi gravement endommagés, ainsi que le maître-autel et les peintures qui décorent l'église dans la partie inondée.

Dans le cimetière contigu à l'église, on voit des croix et des tombeaux renversés ; rien n'a pu échapper au terrible élément dévastateur.

Il est juste de signaler les hommes qui, au milieu de courants affreux, ont porté secours à ceux qui, a un moment donné, ont été sur le point de disparaître. En aval du pont suspendu, le marin Castan, aidé d'un gendarme dont j'ignore le nom a exposé plusieurs fois sa vie pour aller porter des secours aux inondés et retirer les plus exposés. En amont, le sieur Dussol, ancien militaire, a plusieurs fois aussi bravé le danger. Il a retiré d'une maison et au milieu de courants rapides, une femme et un enfant déjà saisis par le torrent : de nouveau, il sauvait à la nage les chevaux de M. Plantade sur le point de périr. Quelques instants plus tard, il allait à la nage chercher à l'église les ornements et toujours au milieu du danger. Ces scènes se passaient dans la nuit de vendredi à samedi, vers minuit. Dans la journée du samedi Dussol allait porter du pain à une femme restée deux jours sans nourriture. Le même jour, aidé de jeunes et intrépides ouvriers, Henri Bacqué, les frères Maccabiau, le jeune Soubis, il est allé dans la plaine, bravant le torrent, visiter la campagne et porter des secours à ceux que les eaux retenaient prisonniers depuis quarante-huit heures, et qui à chaque instant voyaient leur vie en danger.

Que les noms de ces braves sauveteurs soient placés à côté de ceux déjà si dignement connus, et que la plus grande publicité leur soit donnée. Rendons ainsi un commencement de récompense et d'hommage à ceux qui n'hésitent jamais à sacrifier leur vie pour sauver celle des autres, et espérons que leur nom ne sera jamais oublié.

Aiguillon.

Aiguillon n'a à regretter la perte d'aucun de ses habitants ; il n'a point été non plus perdu de bestiaux ; mais les pertes matérielles sont incalculables ; les récoltes de ces plaines, quelques instants avant riches d'espérances, sont à peu près perdues partout : les mattes, qui ont coûté tant de sueurs et d'argent, ont éprouvé des brèches, qui vont nécessiter de bien lourds sacrifices ; bien des maisons sont démolies; les belles usines à blé ont eu à supporter de grands dégâts, les marchandises qu'elles renfermaient sont avariées, bien des familles, dignes du plus grand intérêt, sont dans le besoin.

Il sera difficile de secourir tant de misères, tant d'infortunes, mais déjà ces populations, frappées d'une si rude épreuve, ont reçu les consolations des autorités.

Dès les premiers instants, M. l'entreposeur des tabacs s'est ému des souffrances des nombreuses manœuvres atteintes par le fléau, et le conseiller de préfecture Pélissier, sur les renseignements pris par lui-même sur les lieux, leur a prodigué les plus douces consolations et a bien voulu leur faire espérer les bienfaits de la bienveillante sollicitude du gouvernement, qui ne sauront manquer, du reste, dans cette calamité publique, à ces populations justement désolées!

Chaque localité doit avoir à enregistrer un trait de dévouement; Aiguillon ne pouvait rester en arrière :

Le 24 juin, vers huit heures du soir, après la lecture de la dernière dépêche, M. Nebout (Arthur) et M. Vassal d'Aiguillon, ayant été offrir leur concours à M. Marabail, propriétaire sur les bords du fleuve, trouvèrent les travaux de sauvetage opérés chez ce dernier. Ils se rendirent de là en toute hâte aux métairies de MM. Garrigues et Descamps, où les métayers, pleins de sécurité, ne pensaient nullement à fuir le danger imminent. Malgré la crue toujours rapide, M. Nebout ne voulut pas rentrer sans avertir un de ses colons, le sieur Poncharreau, demeurant sur la route du Port-de-Pascaud à Saint-Côme, c'est-à-dire à environ 400 mètres du pont. Là, ils furent surpris par le fleuve qui s'avançait sur une hauteur de près d'un mètre. Ne voulant à aucun prix laisser leur famille dans l'inquiétude mortelle qu'aurait causé leur absence, MM. Nebout et Vassal s'élancèrent alors à travers champs, sur la partie haute de la plaine. C'était téméraire, mais l'imminence du péril ne leur avait pas laissé une minute de réflexion. Après deux cents pas de course affolée, l'eau était à leurs pieds, et en moins d'une minute elle montait à la hauteur de leur poitrine, à 1^m 50 environ ; car MM. Nebout et Vassal sont tous les deux d'une taille très élevée.

Les vêtements imprégnés d'eau et la terre détrempée rendaient la marche très difficile. Après être tombé deux fois sous l'eau, M. Nebout arriva enfin auprès d'un jeune amandier. Là il appelle son compagnon d'infortune qui le suivait à la voix, car la nuit était des plus obscures. La coupe de l'arbre est enfin occupée, et là, de branche en branche, il fallut assister à toute la crue des eaux qui monta depuis le pied de l'arbre jusqu'à 3 ^{m}. 35 de hauteur. Tous les arbres environnants disparurent peu à peu sous l'eau, ou furent arrachés autour de l'amandier.

Les courants étaient si forts, les ténèbres si intenses, le mugissement des flots était si lugubre, qu'il fallait un dévouement sublime pour porter secours. Ce secours arriva cependant. M. Adolphe Florans, un ami intime de M. Nebout, reconnut ses cris de détresse. Ses efforts désormais n'eurent d'autre but que de lui procurer un bateau.

Après plusieurs tentatives infructueuses, on parvint enfin à doubler le pont du chemin de fer, grâce au dévouement de nombreux citoyens qui domptèrent le courant, en tirant le bateau sur la jetée du chemin de fer. Là, M. Florans s'offrit à venir lui-même au secours de son ami, mais trois citoyens, habitués à la navigation, et très habiles à nager, voulurent partir seuls,

C'était M. Charpentier père, sexagénaire; M. Charpentier fils, employé à la gare d'Aiguillon, et M. Ollivier fils, sergent de ville à Aiguillon.

Il était trois heures du matin lorsque les naufragés aperçurent les sauveteurs. Leur détresse fut changée en une immense joie, et peu d'instants après ils serraient avec effusion la main des hommes généreux qui avaient exposé leur vie pour les sauver. Il est inutile de dire que leur reconnaissance durera autant que leur vie.

Pendant une agonie de cinq heures, le sang-froid n'a pas abandonné les naufragés. Seulement en face du danger presque certain, la pensée de l'éternité s'est présentée à eux dans toute sa force et leur prière fervente a imploré le secours du ciel. On est plus fort pour mourir lorsqu'on s'est remis entre les mains de Dieu, et la foi seule du chrétien peut faire qu'on reste le front serein à l'heure suprême de la mort.

A Aiguilon tout le monde s'est dévoué. Les autorités civiles et religieuses auraient voulu pouvoir se porter partout à la fois.

MM. Olivier fils et Charpentier père et fils ont aussi sauvé la famille Cabril dont tous les membres, au nombre de quatre, étaient perchés sur un arbre au plus fort du courant.

Pendant ce temps M. Olivier père sauvait tous les habitants des bains, au nombre de treize, et M. Gignous, camionneur de la Compagnie du Midi, sauvait également trois de ses concitoyens qui, sur les digues emportées, allaient infailliblement périr.

Le sieur Cabril, cultivateur à Rébéquet, presque au confluent du Lot et de la Garonne, recevant en pleine direction les courants de la Baïse, a vu sa maison s'écrouler, et par un sentiment paternel, après avoir atttaché ses deux enfants et sa femme aux cimes les plus élevées d'un peuplier, attendait avec résignation aussi bien la mort qu'un secours qui n'arrivait jamais ; il a pu cependant, après plusieurs heures des plus vives terreurs, faire entendre ses cris désespérés, et sauver lui et les siens dans un bateau confié à ces mêmes braves sauveteurs, qui, quelques instants avant, au prix des plus grands périls, venaient de recueillir M. Marabail, adjoint, réfugié avec ses métayers sur les toits de sa maison.

Le sieur Cancel et trois autres ouvriers de M. Marabail, réfugiés sur un tas de bois, ballotés par les flots, ont été secourus par les sieurs Gignoux, Ducos et Miquel.

Les sieurs Lignac, Biard, père et fils, Dugros, Marcelin, Péjac, Soulié et bien d'autres, n'ont pas un seul instant cessé de porter des secours et des vivres dans les maisons cernées par les eaux.

La brigade de gendarmerie, les appariteurs ont multiplié partout leurs efforts. Bien des habitants ont mérité des éloges, et on était sûr de compter à l'avance au premier rang des gens de cœur, M. Garrigues, Joseph, M. Urbain Duburgua dont le dévouement patriotique n'a jamais fait défaut.

Feugarolles. Thouars. Buzet.

Les dégâts sont considérables à Thouars et à Buzet. Partout les actes de courage et de dévouement sont nombreux. On cite en particulier un métayer de M. de Noailles, qui, avec une rare énergie, a pu sauver à lui seul quarante têtes de bétail, en les hissant au grenier de sa grange, à l'aide d'un appareil improvisé avec une ingéniosité remarquable.

Un témoin oculaire écrit au *Lot-et-Garonne* les lignes suivantes :

Tout le monde ici est plongé dans la tristesse, et les pertes occasionnées par le débordement sont immenses, mais les pertes que nous avons éprouvées ne sauraient nous faire oublier les actes de dévouement et de courage dont nous avons été témoins.

Jeudi soir, au moment de la plus forte crue de la Garonne, M. Duluc, chef des bureaux à la Sous-Préfecture de Nérac, et M. Farragut fils, employé des chemins vicinaux à la même Sous-Préfecture, étant venus à Meneaux pour voir l'augmentation des eaux, furent cernés par l'inondation. Inspirés par leur cœur, connaissant cependant toute l'étendue du danger, au milieu d'une plaine où les courants sont terribles, ils s'emparent d'un bateau de pêcheur et vont chercher pendant toute la nuit, au risque de sombrer à chaque voyage, des familles entières que la crue subite et inattendue avaient reléguées dans leurs greniers et dont quelques-unes auraient péri peut-être. Le lendemain matin, 25 juin, ils se rendent à la Mairie pour implorer le secours de l'autorité. Mais M. de Trenquelléon, notre bon maire, était déjà à son poste, prêt à partir au secours. Acheter du pain chez un boulanger, le porter dans un bateau, s'embarquer en marchant dans l'eau pour gagner le large, fut l'affaire d'un instant. Toute la journée, jusqu'au soir, le bateau sauveur prodigua des secours et des consolations. Toutes les maisons furent suivies, tous les dangers furent bravés. Mais à la joie qui rayonnait sur le front de MM. de Trenquelléon, Duluc et Farragut, il était facile de voir qu'ils avaient reçu la récompense qu'ils désiraient, la satisfaction d'un noble devoir accompli.

Si nous étions au temps où pour chaque acte de courage, on décernait une couronne civique, MM. de Trenquelléon, Duluc et Farragut pourraient en suspendre une à leurs demeures. De tels actes méritent la publicité, dût-elle blesser la modestie de ceux qui ont eu le courage de les accomplir.

Le soir du 24, un cultivateur nommé Laure, sauvait au péril de sa vie M. Camille de Guilloutet et son berger, qui, portant des secours aux inondés, avaient été renversés par le courant et s'étaient réfugiés sur un arbre de la route où ils sont resté quatre heures mortelles.

Le brigadier de la gendarmerie de Lavardac sauvait au péril de ses jours, ayant de l'eau jusqu'à la ceinture, un homme et une vache. D'un autre côté M. le Sous-Préfet de Nérac, avec un rare courage et un noble dévouement, bravait tous les dangers et arrivait jusqu'à

Saint-Laurent pour y porter des secours et des encouragements.

C'est une grande pitié de voir nos belles campagnes ravagées; mais c'est une consolation pour nous de voir que le noble courage et le désintérressement ne sont pas encore éteints en France.

Tonneins.

Dans la commune de Tonneins, le vendredi 25, la section d'Unet a été visitée par M. l'adjoint Laporte, qui a fait prendre de sages mesures de sauvetage. Le lendemain, le sergent de ville Lafleur, le garde champêtre Bouchois et Darblado, cantonnier, ont insisté pour le remplacer. Ils étaient sous la conduite des sieurs Tissot et Michel qui dirigeaient l'embarcation sans cesse menacée par la violence des eaux.

A Tonneins, la rive gauche, n'a pas non plus été épargnée par le fléau qui vient d'apporter l'affliction et la ruine dans nos contrées. La crue arrivée comme un torrent dans la nuit du jeudi au vendredi, s'est élevée avec une rapidité prodigieuse à la hauteur du pont, c'est-à-dire à dix mètres au-dessus de l'étiage. La force de la Garonne était si grande que tous les remblais furent immédiatement écroulés, brisés, emportés; rien n'arrêtait cette descente furieuse; les eaux s'avançaient dans les plaines, non graduellement, mais debout, d'un seul front, à la hauteur de plus d'un mètre. Aussi, à l'instant même, toutes les habitations éparses dans la campagne, les villages, les communes, furent engloutis, et, au milieu de la nuit, malgré le bruit formidable que les eaux produisaient dans leur course, nous distinguions de la rive droite les cris des victimes, emportées ou assaillies par le courant.

Aux premières lueurs du jour, toute la population anxieuse se pressait sur les remparts de la ville pour contempler la grandeur du sinistre; le spectacle était navrant; une mer immense couvrait les prairies; aussi loin que la vue pouvait s'étendre, plus de cinq kilomètres de largeur, et dans cette vaste étendue, on ne voyait plus que le faîte des maisons des villages de Lamarque, Saint-Germain, plus loin, Fauillet, Fauguerolles, Sénestis. Devant ces ravages qui dépassaient toute prévision, la consternation devint générale, et chacun comprit qu'il y avait des sauvetages à opérer, des secours à apporter.

C'est alors que M. Desclaux, maire de la ville, docteur-médecin, n'écoutant que son dévouement et son affection pour ses administrés, s'est immédiatement chargé d'organiser et de diriger lui-même cette dangereuse mission. Par son énergique impulsion, il a trouvé le concours de six personnes qui l'ont parfaitement secondé.

Malgré son âge avancé (soixante-huit ans), les affections de famille et le sympathique intérêt que ne cessent de lui témoigner de nombreux amis, on l'a vu chaque jour, donnant avec une abnégation peu commune le plus noble exemple de dévouement, monter dans un frêle esquif avec cinq hommes non moins courageux dont je suis heureux de citer les noms : Picot père, Guiton père, Dupouy, Domingue et un pêcheur surnommé *Casaque*, aller porter aux malheureux inondés les secours dont ils avaient un pressant besoin et en sauver un grand nombre d'une mort certaine.

Que de drames émouvants, que de scènes déchirantes dont ils ont été les témoins et auxquels ils ont mis un terme, au milieu de ces riverains épouvantés, en les arrachant aux terribles péripéties auxquelles ils étaient en butte !

Portés sur une barque légère et pendant deux jours entiers, oubliant même de prendre aucune nourriture, ils ont abordé toutes les maisons que les habitants trop confiants n'avaient pas voulu abandonner, et tous les infortunés qui n'avaient pas eu le temps de fuir. Par ce moyen, il leur a été possible de recueillir un grand nombre de personnes, les unes cramponnées à la crête de leur toiture, d'autres bloquées dans l'intérieur de leur habitation, luttant avec angoisse contre un élément qui leur présageait une mort certaine. Enfin, ils distribuèrent des vivres à des familles entières qui se trouvaient dépourvues de pain. Tous ces divers sauvetages, qui ont diminué de beaucoup les malheurs à déplorer, nécessitaient un va-et-vient sur ces courants irrésistibles, et chaque abordage ne s'effectuait qu'après avoir essuyé mille dangers imminents. Mais nos courageux et intrépides sauveteurs ne faiblissaient pas devant le péril et excités par le zèle de M. Desclaux, ils bravaient tous les obstacles tant qu'ils entrevoyaient l'espérance d'amoindrir le nombre des victimes.

Aussi, que de fois les habitants n'ont-ils pas frémi à la vue de cette frêle embarcation se glissant avec une vitesse effrayante entre les arbres, les murs, les toitures, et évitant chaque minute des épaves volumineuses qui, malgré leurs nombreux efforts, atteignaient leur barque et menaçaient de la chavirer ou de la broyer contre les écueils. A un moment donné surtout, lancé dans un véritable tourbillon, leur bateau a tourné plusieurs fois sur lui-même, et sans le sang-froid et la fermeté de ces hommes courageux, ils payaient de leur vie leur sublime dévouement. A chacun de leur retour, la population accueillait par une ovation enthousiaste nos dévoués concitoyens, et M. Desclaux surtout était l'objet de leur chaleureuses manifestations.

Du reste, ce n'est pas la première fois que ce digne maire donne la mesure de son dévouement; magistrat dévoué, énergique, conciliant, il est également un médecin plein d'abnégation; en 1870, il ne visitait pas moins de soixante-dix à quatre-vingts personnes atteintes de la variole, sans se préoccuper d'un contact pernicieux qui pouvait le faire succomber.

On a à déplorer à Tonneins quinze morts. Quant aux pertes matérielles, soit en maisons détruites, soit en récoltes, soit en bestiaux, elles sont immenses.

M. le maréchal-président de la République, venant d'Agen, est arrivé par un train spécial à une heure de l'après-midi. Parmi les personnes qui l'accompagnaient on a remarqué M. le comte O. de Bastard, député ; Mgr Fonteneau, M. le préfet de Lot-et-Garonne, M. de Luppé, conseiller général et autres notabilités civiles et militaires. Il était attendu à la gare par M. le sous-préfet de Marmande, M. le maire de Tonneins et ses adjoints, les membres du Conseil municipal, le clergé catholique, les pasteurs de l'église réformée et les fonctionnaires des diverses administrations.

M. le maréchal a été vivement acclamé par la foule immense qui encombrait les abords de la gare et qui a fini par pénétrer dans l'intérieur, avide qu'elle était de contempler les traits de l'illustre chef de l'Etat.

M. le Président de la République est descendu de son wagon et s'est fait présenter les généreux citoyens qui ont pris part au sauvetage opéré avec autant de courage que de succès sur la Garonne, dans les jours néfastes qui viennent de s'écouler.

Après avoir écouté avec beaucoup de bonté les renseignements qui lui ont été donnés par M. le sous-préfet, Son Excellence a elle-même attaché la croix de la Légion d'honneur sur la poitrine du très estimable maire, M. Desclaux, en le félicitant d'avoir si noblement fait son devoir au moment du danger. M. le maire très-ému a répondu qu'une partie de ces félicitations devaient revenir aux gens de cœur qui l'ont secondé dans sa périlleuse mission. Alors le président a serré affectueusement la main de tous les sauveteurs et leur a promis qu'ils seraient récompensés comme ils le méritaient, quand les informations officielles lui auraient été adressées par l'administration.

A son départ comme à son arrivée, le Maréchal a été salué par les cris de *Vive Mac-Mahon !* Pas un seul cri de *Vive la République* n'a été prononcé.

M. le maire, en quittant la gare, a été suivi d'un nombreux cortège qui s'augmentait à chaque instant et qui était considérable lorsqu'on est arrivé à l'hôtel-de-ville. De tous côtés, on entendait les cris de *Vive M. le maire ! Vive M. Desclaux !* Jamais manifestation plus franche et plus cordiale n'a été faite en faveur d'un homme qui a honoré sa ville natale par des actes de dévouement héroïque et qui lui a rendu, soit comme maire, soit comme médecin, de si nombreux services.

Si M. Desclaux s'est montré à la hauteur de son mandat par sa belle conduite, la population Tonneinquaise n'a pas été en retard avec lui et lui a prouvé qu'elle sait être reconnaissante envers ceux qui l'aiment et se dévouent pour elle.

Lagruére.

Voici des renseignements fournis de Lagruére, au *Lot-et-Garonne.*

Le fléau terrible qui a ravagé tout le Midi a produit ici de grands ravages ; mais grâce à l'intrépidité de quelques hommes de cœur, les désastres ont été circonscrits. Le sieur Borgue, régisseur de Mlle Laperche, et Petit-Julien, cultivateur, n'ont pas craint, à plusieurs reprises, la nuit et le jour, sans aucune connaissance de la navigation, de sillonner en tous sens la plaine inondée, ils sauvèrent toute une famille. Laboyrie, Jean, propriétaire et Toulon, Martial, sauvèrent, au péril de leurs jours, quatre personnes réfugiées sur des arbres. M. le vicomte de Luppé, conseiller général du Mas, que l'on est sûr de trouver partout où il y a du bien à faire, est venu, a deux reprises différentes, s'embarquer sur un petit bateau et distribuer aux pauvres inondés des secours de tous genres.

Dans la section de Lamarque où le danger était plus grand encore, les sieurs Roussel, Bertrand, Mollié aîné et Lafon se sont particulièrement distingués dans divers sauvetages.

Fauillet.

Situé à plusieurs kilomètres du lit de la Garonne, le village de Fauillet a été préservé de la fureur des eaux, mais toute la plaine a été littéralement couverte et a subi de grands dommages. Parmi les citoyens qui se sont le plus dévoués pendant l'inondation, on cite les noms des sieurs Guinot, employé au chemin de fer du Midi, Fabard, conseiller municipal, Dubreil fils, Lac (Firmin), appariteur.

Sénestis.

Retenues par les hauteurs du Mas-d'Agenais, où la Garonne s'est élevée à une telle hauteur qu'elle s'est jointe au canal, les eaux se sont précipitées, sur la commune de Sénestis. Elles arrivaient presque jusqu'à la toiture de certaines maisons. Les habitants ont été réduits à passer la nuit au sommet des arbres, jusqu'au moment où les barques, amenées par M. le sous-préfet de Marmande et le capitaine de gendarmerie, ont pu recueillir 150 personnes environ.

Que de dégats ! que de misère dans cette commune ! M. le vicomte de Luppé, conseiller-général, avec sa générosité habituelle, a parcouru la plaine, distribuant des vivres aux malheureux inondés.

Fourques

Le 25 juin, vers neuf heures du matin, la digue syndicale de Fourques et Coussan qui protégeait la basse-plaine, était rompue en deux endroits par l'inondation de la Garonne. Désastres immenses, inouïs.

Trois bateaux pris en réquisition dans le canal latéral ont constamment porté des secours.

Dans l'un de ces bateaux se trouvaient :

MM. Callis (Joseph) aîné, charpentier, à Fourques; Callis (Pierre) jeune, son frère, à Fourques ; Lafargue, marin, à Thouars (Lot-et-Garonne) ; Bareyre (Gabriel), garde champêtre de Fourques; Petit (Pierre), tonnelier à Fourques ; Porrot (Louis), filassier, à Fourques; Prégnac (Simon) jeune, tisserand, à Fourques qui, après avoir surmonté les plus grands courants, sont parvenus aux abords des brèches de la digue, au lieu d'Arbalède, à retirer, le vendredi, vers cinq heures du soir, sur la toiture de la métairie de M. Marount frère et sœur, le métayer Lagardère, sa femme et son enfant. Une partie de l'habitation s'était déjà écroulée, le restant vacillait; dix minutes après qu'on eût embarqué ces trois personnes, toute la construction disparaissait sous les eaux.

Les deux autres bateaux étaient montés par :

MM. Barberin, frères, Gajac, Lafague, Signau, à Fourques.

M. Barathe, marin, à Saint-Hilaire.

MM. Barbe, Mirambeau, Severin Lafague, Sourbé, Blouin, Marrot, à Fourques, qui ont rendu aussi de grands services en secourant gens et bestiaux.

Dans ce grand désastre, la commune de Fourques n'a à déplorer la mort d'aucun de ses habitants.

Caumont.

Caumont et sa belle plaine de Varennes ont eu leur contingent de désastres dans l'effroyable inondation du 25 juin. Les belles moissons, qui semblaient protégées par une forte digue, ont été complétement ensevelies sous les eaux dévastatrices du fleuve. Les pertes matérielles sont incalculables. Cependant tous les riverains, plus heureux que leurs voisins de Taillebourg et de Fourques, avertis à temps, ont pu sauver leurs bestiaux.

On n'a eu à déplorer la mort d'aucune victime. Une seule famille, surprise sur la digue au moment où cette dernière était dépassée par les eaux, a failli périr.

Mais grâce au dévouement de deux hardis sauveteurs, les nommés Tastes et Dubourg, ils ont été sauvés. Dans ces douloureuses circonstances, M. Rougier, adjoint au maire (ce dernier était absent), a fait preuve de beaucoup de dévouement.

Marmande.

A Marmande, les eaux se sont élevées à 11^m 20 au-dessus de l'étiage, juste 1^m au-dessus du niveau du débordement de 1855. La crue a été extrêmement rapide; dans la matinée de vendredi elle a dépassé 40 centimètres à l'heure.

Les pertes occasionnées par ce sinistre sont incalculables : pertes de mobilier, de bétail, toitures enlevées, habitations détruites. Il y a aussi des malheurs à déplorer, car il y a eu quelques victimes, mais en petit nombre, Dieu merci, en présence de cette épouvantable catastrophe. Les braves et intrépides marins, secondés par des citoyens dévoués, parcouraient les contrées inondées, sous la direction des autorités administrative, municipale et judiciaire.

Le canton de Marmande compte neuf victimes, quatre dans la commune de Sénestis, une dans celle de Fauguerolles et quatre dans celle de Marmande. On frémit en songeant que ce nombre, déjà trop grand, pouvait être plus considérable encore si l'organisation des secours avait été moins prompte et moins énergique. Mais grâce au zèle et à l'activité déployée par l'autorité, tous les marins du port, jeunes et vieux, et un grand nombre de citoyens, improvisés marins par dévouement, partirent dès le vendredi matin par la voie ferrée avec un matériel de sauvetage suffisant, se dirigeant vers les points les plus rapprochés des communes inondées, sous la direction de M. le sous-préfet, de M. le maire et de M. le procureur de la République.

Pendant quatre jours ces fonctionnaires ont partagé les fatigues et les dangers des sauveteurs. — M. Tronty surtout a dû éprouver de bien vives émotions, car il a eu le triste et douloureux privilége d'assister à la découverte de trois des victimes de la commune de Marmande.

Quant aux pertes matérielles, elles sont immenses, incalculables ; les rapports officiels des commissions qui viennent d'être nommées pour les apprécier pourront seules en faire connaître l'importance.

On présume que les communes de Sénestis et de Taillebourg sont celles qui ont eu le plus grand nombre d'habitations détruites ou effondrées et la plus grande quantité de bétail noyé ou perdu ; on évalue le nombre à 150 ou 200 têtes.

Parmi les citoyens qui se sont signalés par leur dévouement dans ces fatales journées, on cite MM. Darlan, notaire, Henri d'Auber de Peyrelongue, Paul Ducos, marin, Sarroste, limonadier, Manès, chef de musique de l'Ecole communale des Frères de la doctrine chrétienne de Marmande.

Le lundi soir ont eu lieu les obsèques de deux des

victimes de la section de Coussan, une femme et un enfant de 8 ou 10 ans.

M. de Bastard, député de Lot-et-Garonne, et M. le Sous-Préfet conduisaient le deuil, puis venaient M. le Maire, les adjoints, les membres du Tribunal civil, les Conseillers municipaux et plusieurs autres personnes qui ont accompagné jusqu'au cimetière ces malheureuses victimes de l'inondation.

M. le maréchal de Mac-Mahon est arrivé le 30 juin par train spécial, à une heure et demie, à Marmande.

Le Président de la République était accompagné de M. le préfet, de Mgr Fonteneau, de M. le procureur général, de M. le lieutenant-colonel de gendarmerie, de M. le vicaire général indépendamment des personnes qui l'accompagnent depuis Toulouse.

M. le Sous-Préfet de Marmande était allé attendre le Président à Tonneins.

A sa descente de wagon, le Maréchal a été salué par M. Trenty, qui lui a exprimé toute la gratitude des Marmandais, dans les termes les plus heureux. Toutes les autorités étaient rangées sur les trottoirs de la gare, ainsi que les personnes qui s'étaient distinguées pendant l'inondation.

M. le Maréchal a répondu par quelques paroles pleines de bienveillance à M. le Maire, et puis s'est fait présenter les sauveteurs.

Les sieurs Bibés, camionneur au chemin de fer et Bousquet, employés à la petite vitesse, titulaires de médailles de sauvetage, ont reçu la croix de la Légion d'honneur de la main du chef de l'Etat. Ces deux croix ont été accueillies par des cris de : Vive le Maréchal.

Après avoir distribué ces deux récompenses, le Président de la République est sorti de la gare et est monté en voiture, escorté par les brigades de gendarmerie de Marmande. La voiture du Maréchal contenait M. le général de Cissey. M. le comte de Bastard, M. le préfet, M. le sous-préfet, M. Trenty. La suite militaire et civile et les autorités suivaient dans les autres voitures.

Le cortège a traversé ainsi Marmande suivi par toute la population, heureuse de pouvoir contempler l'illustre soldat qui est le chef de l'Etat.

Partout sur le parcours du cortège la foule était considérable, des cris nombreux de *Vive le Maréchal, vive la France*, et deux ou trois cris de vive la République se sont fait entendre.

Le Maréchal, après avoir visité le pont de la Garonne, s'est rendu à l'hospice, où il n'est resté que quelques instants, car il était attendu à La Réole.

Après avoir visité l'hospice, le Président de la République est rentré à la gare et a remis, dans la cour, la croix de la Légion-d'honneur à M. le capitaine de gendarmerie Darrodes et la médaille militaire au maréchal-des-logis Gèze.

Le Maréchal a quitté Marmande à trois heures, se dirigeant sur La Réole.

Coussan.

Toute la commune a été inondée ; pendant deux jours

on n'a vu que le ciel et l'eau et quelques arbres. L'église a été très détériorée et toutes les maisons même les plus élevées ont été atteintes par l'inondation. Deux d'entre elles ont été en partie enlevées, une troisième a été enlevée entièrement ; deux jeunes enfants ont disparu. On a sauvé le père et la mère.

Au même endroit, une femme d'une autre famille s'est noyée et son jeune enfant a disparu avec les premiers.

Couthures.

Située sur le bord du fleuve, la charmante petite ville de Couthures a été cruellement éprouvée par l'inondation : ainsi on compte vingt maisons détruites, presque toutes les récoltes anéanties, des dégâts en tous genres et enfin une victime.

Meilhan.

Grâce à sa situation, la ville de Meilhan a pu échapper à la fureur du fléau. On signale l'admirable conduite des marins de ce port, qui se sont portés, au péril de leur vie, au secours des inondés de la commune de Jusix. Par leur courage, un grand nombre de familles ont pu être sauvées. Il serait trop long de raconter en détail ces sauvetages qui sont autant de traits d'héroïsme, mais le nom de ces hardis mariniers doit être connu.

Ce sont le jeune Camille Bougès, qui a de brillants

états de service dans l'infanterie de marine, et les nommés Liaut fils, Bibes fils, Cazeaux et Rivière. Ces noms-là sont bien connus dans l'arrondissement de Marmande et ceux qui les portent les ont depuis longtemps honorés par des actes qui témoignent d'une intrépidité et d'un dévouement au-dessus de tout éloge.

Nous touchons à la limite du département de Lot-et-Garonne, et nous nous arrêtons là, car la première partie du programme nous semble remplie. N'avions-nous pas raison de dire, au commencement de cet ouvrage : « O vous tous qui passez le long du chemin de la vie, » considérez et voyez s'il est un malheur semblable à » celui qui vient de désoler nos fertiles contrées du Midi. » En trois jours, près de TROIS CENT MILLIONS ont disparu engloutis par un fleuve en furie et plus de DEUX MILLE victimes ont péri sous les flots.

Nous venons de passer, il faut en convenir, par de terribles malheurs, par une bien rude école.

Or, l'école du malheur, a-t-on dit, est une bonne école. Venons donc y puiser quelques leçons salutaires et cherchons tout d'abord les causes de nos désastres. Heureux, a dit le poète, celui qui peut connaître les causes des événements. *Felix qui potuit rerum cognoscere causas.*

CHAPITRE VII

Causes de nos désastres.

Il s'agit d'étudier les causes de nos récents désastres. « Baisons, dirai-je avec un auteur moderne, baisons d'abord avec affection les plaies que nous allons sonder, sans oublier néanmoins qu'il y aurait plus de cruauté que d'affection à ne les point découvrir. » La gangrène se met aux blessures qui restent toujours enveloppées. Sans doute, un fils ne doit point dévoiler les fautes de sa mère; mais il y a cette différence entre notre terre du Midi et notre mère, que celle-ci nous forme à son image, tandis que nous façonnons la patrie à la nôtre; les défauts qu'elle a, c'est nous qui les lui avons donnés; ses difformités ne sont autres que les nôtres; d'où il suit que les juger, c'est faire une sainte justice de nous-mêmes, et que l'absoudre entièrement serait nous targuer d'une pharisaïque impeccabilité.

La terre du Midi, d'ailleurs, reste assez grande dans ses déchéances pour n'avoir besoin que de la vérité. Jamais son histoire n'a présenté à la fois ni plus de mal, ni plus de bien. La mère chrétienne qui joint ses mains sur la cime d'un arbre, avant de tomber en héros, couvre aux yeux de Dieu le solidaire qui meurt en blasphémant et le mécréant qui insulte, accroupi sur les ruines, celui qui s'est fait son sauveur ou son appui. La portion du pays qui croit et adore sauvera celle qui attira sur nous la justice d'en haut sans la reconnaître. Enfin les ruines ont beau s'entasser, nos ruines ne sont pas un tombeau ; il reste assez de sève dans les veines de cette patrie submergée pour une prochaine régénération, et nos ruines elles-mêmes seront la préservation de l'avenir en immortalisant cet enseignement, que les peuples ne peuvent se séparer de Dieu sans se suicider.

Quelques-uns sont passés avant nous, lesquels n'écoutant que les arguments fournis par la raison humaine, toujours courte par quelque endroit, ont attribué la cause de nos récents désastres à des phénomènes purement physiques, tels que : le déboisement des forêts, l'abondance et la fonte simultanée des neiges, jointes à la non interruption d'une pluie torrentielle, à la surprise et à l'incurie des riverains.

A notre avis, on ne peut donner le nom de cause à de pareils phénomènes qui existaient déjà ; ce ne sont que des moyens, que des instruments dont Dieu s'est servi pour faire son œuvre. Nos savants modernes n'expliqueront jamais comment l'inondation arrivée en 1875 a été retardée jusqu'à cette époque, sans recourir à l'intervention de la toute-puissante volonté de Dieu, à qui obéissent les vents et les tempêtes.

Un peuple a beau s'agiter, cherchant à s'abriter contre l'avalanche derrière de vastes et épaisses forêts ; à s'abriter contre le fleuve en furie derrière ses digues, le Dieu juste, le Dieu saint le mène. Il le mène au bonheur, selon qu'il fait bien ; au malheur, selon qu'il fait mal ; car il n'a que le temps pour punir ses crimes ou récompenser ses vertus, tandis qu'il lui reste l'éternité pour tirer justice des simples particuliers.

Partant de ce principe, nous découvrons, si nous cherchons les principaux manquements de nos contrées du Midi, à la loi de Dieu, d'abord la profanation du jour du Seigneur, puis le blasphème, puis le sensualisme et enfin le mépris de toute autorité légitimement constituée. Disons un mot sur chacun de ces manquements divers.

I. — Profanation du jour du Dimanche.

Le précepte qui nous ordonne de sanctifier le jour du dimanche est à la fois négatif et positif. En tant que négatif, il nous ordonne de nous abstenir de toute œuvre servile. En tant que positif ce précepte impose l'obligation d'aller à la messe et de se livrer ce jour-là à des œuvres de piété. Ces explications données, jetons un coup d'œil rapide sur nos contrées du Midi et voyons comment ce précepte était accompli.

Si nous entrons le dimanche dans une de nos villes, nous apercevons ici le magasin grand ouvert, une foule qui entre et qui sort, des employés qui vont et qui viennent, tout un peuple au travail ; là, c'est le comptoir où l'on étale marchandise sur marchandise, pièce d'or sur pièce d'or ; plus loin, c'est l'usine, avec ces centaines de têtes enfumées; puis, c'est l'atelier où fourmille un essaim d'ouvrières, puis le chantier où des hommes aux joues hâves et creuses, ruisselant d'une sueur épaisse, aux membres épuisés, sont courbés sous le poids d'un instrument de travail.

Et si quittant nos villes, où l'esprit d'impiété, le souffle de la misère et le vent de la vanité ont semé l'oubli de la loi du Seigneur, nous nous enfonçons dans nos fertiles campagnes, hélas, que voyons-nous ! Autrefois, un vieillard aux cheveux blancs, entouré du père, de la mère de famille et de ses chers petits-fils, comme d'une charmante couronne, s'acheminait aux premières heures du jour, drapé de ses plus beaux habits, vers l'église du hameau, témoin de son baptême, de sa première communion, de son union bénie. Il venait entendre la parole du Dieu qui avait réjoui son enfance et apprendre à ses chers petits-fils le secret qui avait orné son front plissé par les ans de l'auréole de la vertu.

Le soir on le retrouvait au sein du foyer domestique, entouré de parents et d'amis, partageant dans une franche et chaste gaîté les douceurs d'un frugal repas.

Une journée si bien remplie se terminait par cette prière en commun faite si gravement, si bien répondue, et par ce repos si complet, ce sommeil si tranquille, pendant lequel l'ange gardien veillait les ailes étendues sur l'humble maison, dont il était le protecteur.

Il en était ainsi, il y a quelques années, alors que le souffle de l'impiété retenu derrière les murs de la grande ville n'avait pu pénétrer au sein de nos vallées retirées ; mais depuis qu'il est venu à y passer sur les ailes d'une civilisation mensongère, ah ! depuis, on voit le chef de famille déchirant le sein d'une terre qu'il ne trouve jamais assez fertile, recueillant avide et empressé une moisson toujours trop légère et fendant le sillon, en ruisselant de sueur, sans se laisser interrompre par les mugissements plaintifs des animaux ses compagnons de travail, qui tombent parfois à la tâche, frappés par la colère divine. Plus insensible, plus impie ou plus cupide que ses ancêtres du dernier siècle, il va toujours de l'avant. Pourvu que son sillon se creuse, que sa moisson se cueille, que ses greniers s'emplissent, il est content.

Encore s'il daignait mettre le pied dans le temple pour remercier Celui qui fait fructifier ses terres ; mais non. Comme ses frères en indifférence et en impiété de la grande ville, il va le dimanche chercher un prétendu repos dans les douceurs d'un voyage, les molles délices d'une campagne, ou dans l'ivresse d'une fête, d'une partie de plaisir, d'un festin. Ainsi vivait notre pays depuis quelques années. Y avait-il en effet un gain illicite à réaliser par le travail ou par le trafic ? C'était remis au dimanche. — Y avait-il un voyage, une promenade à faire ? Au dimanche. — Y avait-il une âme innocente à perdre ? Au dimanche. — Y avait-il un jour à donner aux divertissements coupables, à l'orgie, à la débauche ? Au dimanche, toujours au dimanche.

Ainsi vivait, hélas ! notre pays depuis quelques années ! ! !

Effrayée de ce désordre qui était devenu presque général dans nos provinces du Midi, la voix du prêtre s'était élevée rappelant les menaces du Seigneur contre les violateurs de son jour. Elle s'était perdue dans le vide, ou était tombée dans le tombeau de l'oubli pour le plus grand nombre. Or, la parole de Dieu dont la voix du prêtre n'est que l'écho est vraie. Elle s'accomplit tôt ou tard, elle met parfois bien du temps, retenue par la miséricorde ; mais arrive une heure où la mesure est comble, et où elle finit par éclater. C'est l'Ecriture qui nous le dit, l'expérience qui le confirme et la raison qui le prouve. « Ils ont profané le jour que je m'étais réservé, dit le Seigneur, eh bien, je verserai sur eux les flots de ma colère. » Les avez-vous vus, ces flots de la colère de Dieu, couler furieux dans nos plaines désolées, enveloppant dans leur course rapide les coupables riverains de ce pays ? *Bibent ex eo omnes peccatores terræ.* Il me semble cependant que depuis le commencement des siècles le Seigneur n'avait cessé de nous prévenir de ces désastres. « Observez mon jour, avait-il dit, il doit vous être saint ; ce jour-là, vous ne ferez aucun travail ni vous, ni votre fils, ni votre fille, ni votre serviteur, ni votre servante, ni les animaux qui vous servent, ni l'étranger qui habite dans vos foyers. — « Celui qui l'aura violé, sera puni de mort. » Cette sentence, nous le savons, fut exécutée à la lettre.

« Gardez mon jour, dit ailleurs le Seigneur, je vous donnerai les pluies propres à chaque saison; la terre produira des grains et les arbres seront couverts de fruits; si vous le violez, au contraire, je verserai sur vous les flots de ma colère. »

Il est un fait certain, confirmé par l'autorité de tous les siècles, c'est que, tant qu'une nation est fidèle à observer la loi du dimanche, la prospérité matérielle couronne ses efforts, tandis que les plus grands revers viennent châtier ses infidélités. Si nous parcourons les annales des peuples, la voix accréditée des Pères de l'Eglise, des historiens, des conciles, nous montrera la réalisation de cette assertion, depuis la nation juive jusqu'aux nations modernes.

Et la raison ne nous dit-elle pas qu'il doit en être ainsi pour punir cet acte de haute rébellion? Dieu, le Maître des maîtres, a porté une loi à la fin de la création, loi qu'il a promulguée ensuite au milieu des cimes embrasées du Sinaï tremblant sous les coups de la foudre, tant il voulait nous pénétrer d'un profond respect pour ce commandement, loi qu'il a répété enfin à plusieurs reprises, dans la suite des siècles, disant : « Souvenez-vous de sanctifier le jour du Seigneur. » Et les hommes, créatures faibles et impuissantes, auraient l'impudence de fouler aux pieds cette loi et Dieu ne frapperait pas ces rebelles? Car, ne nous y trompons pas, le bruit de l'atelier, le mouvement du comptoir, l'étalage du magasin, bravent, comme par un accord fatal, la volonté devant laquelle tout genou doit fléchir au ciel et sur la terre. Il y a dans le grincement de la scie, dans les coups du marteau, dans le bruit du fer et du ciseau, dans le frôlement de l'aiguille plus discrète et non moins coupable, un cri de rébellion qui semble dire : « Non, je ne servirai pas. *Non serviam.* » Et Dieu le Tout-Puissant resterait impassible en face d'un pareil outrage? Non, non. Quand, pour la première fois, cette insulte tomba des lèvres des mauvais anges, le Très-Haut ouvrit l'enfer pour y précipiter les révoltés ; et quand l'homme se hasarda à murmurer la même parole injurieuse, sous l'impulsion du démon et de la femme, il roula, poussé par la main divine, dans l'abîme de toutes les misères. Ces manières de châtier les révoltés nous disent comment Dieu sait punir et nous prouvent que c'est lui seul qui a sévi dans nos récents désastres. Son bras frappe rarement, à de longs intervalles ; mais quand il frappe, ses coups sont des coups de maître souverain. Ils ne le savent que trop ceux qui ont été les témoins ou les victimes de ce terrible fléau, et tout homme de bonne foi est contraint de voir dans la promptitude et la force du coup le doigt de Dieu s'appesantissant sur des têtes coupables.

II. — Blasphème.

La seconde cause de nos derniers malheurs, c'est le blasphème. Par blasphème, je n'entends pas seulement ces paroles ordurières, infâme jargon des gens de la rue et de l'estaminet que l'enfant sait balbutier au maillot et que l'habitant des villes comme celui des campagnes finit par accoupler à chaque mot ; par blasphème, j'entends toute attaque contre Dieu et sa religion sainte. Or, dans nos contrées du Midi, où l'intelligence semble plus précoce et l'élocution plus facile, pas un dogme de notre foi, pas une pratique de piété, pas un objet du culte qui ne fut attaqué par le blasphème de l'incrédulité, de la raillerie, du ridicule du sarcasme et du mensonge. « Tantôt c'est contre un dogme qu'on déclame et qu'on refuse d'admettre, sous prétexte qu'il est d'invention récente ; tantôt c'est contre une prérogative de la Vierge ; tantôt c'est contre la prétendue ambition du Souverain-Pontife, ou bien encore contre la politique et la superstition des pèlerinages.

D'autrefois ce sont des bruits scandaleux qui auraient attristé le sanctuaire et qu'on s'empresse de divulguer, sans contrôle aucun ; sauf à ne les rétracter jamais ou à ne les rétracter que d'une manière imperceptible.

Ce poison délétère savait se glisser dans les veines de notre société partout et de toute façon, sous les plis du roman et de la revue, dans les colonnes du journal et du feuilleton, dans les pages du pamphlet comme de l'almanach. Dieu ne pouvait laisser plus longtemps impunis ces actes de profonde ingratitude, lui qui a dit : L'homme qui aura blasphémé portera la peine de son péché ; il a aimé la malédiction, eh bien, elle fondra sur lui, car il sera frappé de mort.

De quelle ingratitude ne s'est point souillé celui qui blasphème ? Seul parmi les êtres de la création, l'homme a reçu le don sublime de la raison et de la parole ; de la raison, pour contempler son Dieu ; de la parole, pour chanter ses louanges, et ce monstre d'ingratitude ne s'en sert que pour contrôler et critiquer son Maître, que pour vomir l'injure contre lui-même ou contre ses œuvres. Mais qu'est-ce qui pourrait avoir donné lieu à ses invectives ? Rien ne saurait légitimer son ingratitude.

Attaque-t-il Dieu? C'est un père qu'il outrage, malgré la vie qu'il donne et qu'il conserve. Jésus-Christ? C'est un sauveur, dont il méprise l'incarnation, les mérites et la mort. L'Eglise? C'est une mère dont il oublie les soins, la sollicitude, la tendresse et le dévouement. La Sainte-Vierge ? C'est une médiatrice qui a cent fois obtenu sa grâce en fléchissant le bras de son divin Fils. Les anges et les saints? Ce sont des amis et des frères qui lui ont rendu mille services, et qui, du haut du ciel, toujours attentifs à ses besoins, s'empressent autour de sa faiblesse, couvrant de leurs ailes et son âme et son corps. Les prêtres? Ce sont eux qui ont formé son âme, éclairé son intelligence, qui prêchent à ses enfants respect et affection, eux enfin qui seront ses meilleurs soutiens, à l'heure de l'épreuve. Les pèlerinages? Mais ils ne servent qu'à donner la santé de l'âme par le respect qu'ils enseignent envers toute autorité légitimement constituée, et quelquefois même la santé du corps, par une guérison radicale et durable.

A plus juste titre encore qu'au peuple Juif, Dieu pourrait nous dire à nous habitants du Midi : Qu'ai-je dû faire pour vous que je n'ai point fait ; outre les biens communs avec les autres peuples que je vous ai prodigués avec tant de générosité, je vous ai donné un ciel si serein et si doux, un terrain si fertile arrosé par trois grands fleuves, un terrain qui produit comme par enchantement le plus pur froment, le raisin le plus exquis, le tabac le plus délicat et bien d'autres produits encore que les nations nous envient. O habitants du Midi ! qu'ai-je dû faire pour vous que je n'ai point fait ? Et vous, qu'avez-vous fait pour moi ? Vous avez abusé de tous ces dons et vous avez la criminelle audace de les tourner contre moi.

Le blasphémateur n'a pas été flétri d'un terme trop violent quand il a été appelé monstre d'ingratitude ; il est pire que l'animal qui ne mord pas la main qui le nourrit, pire que l'idolâtre qui brûle respectueusement de l'encens devant sa statue de pierre ou d'airain, pire que les Juifs qui crucifièrent leur Sauveur sans le connaître : il est semblable aux réprouvés et aux démons dont la seule occupation est de blasphémer.

Aussi je ne m'étonne plus de voir les blasphémateurs si sévèrement punis, de voir l'impie Pharaon précipité dans la mer Rouge, Holopherne tué par la main d'une femme, Sennachérib assassiné par ses fils, Antiochus frappé d'une plaie incurable, Nicanor dont la tête est exposée à la malédiction publique, Julien l'Apostat percé d'une flèche miraculeuse, Arius s'arrachant les entrailles et expirant dans les plus cruelles douleurs, Nestorius dont la langue tombe rongée et dévorée par les vers, le blasphémateur du dernier siècle appelant avec des cris de rage un prêtre sans pouvoir l'obtenir, et le blasphémateur du siècle présent repoussant avec ironie le prêtre qui l'aborde, épouvantable fin de celui qui a dit : Écrasons l'infâme, fin plus épouvantable encore de celui qui a dit : « Dieu, c'est le mal ! » Je ne m'étonne plus de la gravité des châtiments, après avoir compris la gravité de la faute, et la fréquence et la malice de ce péché dans nos contrées du Midi, me disent hautement quelle fut la cause de nos derniers malheurs.

III. — Sensualisme.

Il est encore un point par lequel nos contrées du Midi s'étaient rendues bien coupables aux yeux de Dieu. Je veux parler du sensualisme, ce cancer rongeur qui avait commencé par attaquer nos villes et avait fini par s'étendre jusqu'à nos campagnes. Plusieurs causes avaient contribué à produire ce mal. D'abord, le progrès du bien-être développa l'amour du plaisir, car si l'abondance n'est pas la corruption, elle l'engendre. En second lieu, ce fut le manque de foi. « Les mœurs prouvent la foi, dit Bossuet, mais la foi soutient les mœurs. » Or, nous l'avons déjà vu dans les deux paragraphes précédents, l'homme avait perdu l'habitude d'incliner son front par la prière aux pieds de l'autel du Seigneur, il en était venu même jusqu'à oser blasphémer son saint nom. Aussi la foi ayant baissé, les mœurs devaient suivre sa marche descendante. Que vit-on, en effet, dans nos contrées du Midi ? Ces contrées autrefois si pures, ces contrées d'une simplicité que j'oserai presque appeler primitive, voulurent un jour singer les habitudes de la grande ville. On s'imagina tout d'abord de passer pour savant, et alors, pour suppléer à une instruction solide qui faisait défaut, on alla repaître son esprit de cette littérature malsaine et gangrenée; on voulut ensuite passer pour galant homme, et l'on ne rougit pas de venir s'asseoir à ces théâtres où la vertu était bafouée et le vice couvert d'éloges et d'applaudissements; on ne rougit pas de venir coudoyer des créatures ignobles, dans des danses encore plus ignobles; on n'eut pas la force de se priver de ce coupable plaisir, même au lendemain de notre deuil de 1870 ; on osa même alors piétiner, pour ainsi dire, sur le sol ensanglanté de la patrie meurtrie.

Mais, pour tenir ce rang, il fallait du brillant, de l'éclat, de l'or. Eh bien ! on en trouvera de l'or ; on en sème, nous l'avons vu, tous les dimanches, et quand celui-là sera insuffisant pour couvrir les dépenses de folles et honteuses passions, on prendra celui qui servait à la nourriture des pauvres et des enfants, et on le dévorera jusqu'à la dernière obole plutôt que de retrancher un fil à une toilette prétentieuse, ridicule et parfois immodeste, et quand on aura tout épuisé, comme le Prodigue, on saura s'en procurer encore, serait-ce aux dépens de l'honneur, de la santé, de la vie même.

Tel était le triste spectacle offert par nos contrées du Midi, surtout depuis la guerre de 1870, guerre fatale qui, arrachant de nos campagnes notre jeunesse aux mœurs simples et pures, l'avait lancée inexpérimentée au sein de nos grandes villes et ne lui avait laissé que le temps d'y contracter des vices sans pouvoir y étudier des vertus.

Toute chair avait corrompu sa voix, si bien que le sensualisme, qui désolait nos provinces, avait souvent fait comparer nos contrées aux villes de Babylone, de Sodome et de Gomorrhe : « Ne soyons donc pas étonnés si, aujourd'hui comme alors, de grands malheurs sont venus purifier, par un châtiment salutaire, nos crimes abominables. » Réveillez-vous et pleurez, disait autrefois le prophète Joël, réveillez-vous et pleurez, vous qui savourez le vin de la volupté avec délices. Votre pays est dépeuplé, votre terre gémit, vos greniers sont pillés, votre vin est répandu, votre huile a tari, vos agriculteurs sont consternés et poussent des cris parce que le blé, l'orge et toutes les moissons sont perdues pour longtemps.

Ne semble-t-il pas que ces paroles ont été prononcées pour notre époque ?

Isaïe avait fait entendre encore cet oracle qui s'est bien réalisé dans ces derniers jours : « Les filles de Sion s'élèvent avec orgueil et vanité ; elles marchent la tête haute, le regard plein d'affectation et en cadençant leurs pas ; mais bientôt le Seigneur découvrira leur front superbe et les dépouillera de leur chevelure d'emprunt. Il leur ôtera leurs magnifiques ornements, leurs réseaux, leurs bijoux, leurs colliers, leurs bracelets, leurs aigrettes, leurs anneaux, les perles qui retombent sur leur front, leurs parfums, leurs pendants d'oreilles, leurs habits si variés, leurs manteaux, leurs robes traînantes, leurs miroirs, le lin qui les couvre, leurs bandelettes et leurs voiles. Au lieu de parfums, elles répandront une odeur fétide, des lambeaux seront leur ceinture, et des haillons revêtiront leurs corps dépouillés de sa beauté première (ISAÏE III, 16-24).

IV. — Mépris de toute Autorité.

Il existe enfin un dernier manquement, cause de nos malheurs. C'est le mépris de toute autorité légitimement constituée. Dieu avait imposé à l'homme ce commandement : « Honorez votre père et votre mère, afin que vous viviez longuement et que vous soyez heureux sur cette terre. » Par ce mot de père, on entend le représentant de Dieu dans la famille, et c'est l'auteur de nos jours ; le représentant de Dieu dans la société domestique, et c'est le maître ; le représentant de Dieu dans la société politique, et c'est le chef de l'Etat, le représentant de Dieu dans la société religieuse, et c'est le prêtre.

Ces explications données, voyons en deux mots comment ce commandement était observé vis-à-vis de cette quadruple autorité dans nos contrées du Midi. Le père et la mère étaient d'abord traités comme des égaux soit par la façon du langage, soit par la façon des procédés. Se prévalant d'une éducation plus cultivée les enfants prenaient bientôt le dessus On voyait même le père et la mère brûler un encens coupable devant les caprices et les folies de cette unique idole du foyer domestique. Et puis quand celui-ci avait été arraché au prix des sueurs, des veilles, des fatigues, quelquefois même de la vie, des bas-fonds de la société, il lançait du haut de ce piédestal que lui avaient élevé le patrimoine et la sollicitude paternels, il lançait un regard de dédain sur les auteurs de ses jours et se contentait, pour acquitter la dette de sa reconnaissance, de remettre leur existence importune entre des mains mercenaires, ou de les reléguer dans un de ces asiles ouverts à l'indigence et au malheur.

Voilà comment était traité le représentant de Dieu dans la famille. Le Chef de l'Etat et le Chef de la Maison ne l'étaient guère mieux.

Pas un acte, pas une parole, pas une démarche qui ne fut malignement interprété. Les plus grands ennemis c'étaient ceux qu'on abritait sous son toit, ou qu'on couvrait de sa protection ou de sa bienveillance. On n'écoutait que la voix de l'intérêt ; l'ambition et l'égoïsme avaient glacé tous les cœurs ; on ne savait plus agir par dévouement. Au lieu de dévouement et de reconnaissance, c'étaient l'indifférence et souvent même la haine qui accueillaient tous les actes de charité et tous les sacrifices du prêtre. Ce n'était, à leur dire, qu'un ambitieux ou qu'un espion qui cherchait à s'immiscer dans toutes les affaires domestiques celui qui était le père selon l'esprit de la grande famille humène qu'il avait engendrée à Jésus-Christ, par ses conseils, ses exemples et ses prières. »

Tels étaient les sentiments de mépris, de haine ou d'indifférence coupables que professaient notre pays pour toute autorité légitimement constituée. Or, le Seigneur a dit : « En toute œuvre, en tout discours, en toute patience, honorez votre père, afin que la bénédiction de Dieu descende sur vous, et que la bénédiction demeure éternellement. » Le Seigneur dit encore : « Celui qui honore son père et sa mère est semblable à celui qui thésaurise. Il entasse, en effet, des trésors de bonheur ; témoins Joseph, Ephraïm, Manassés, Salomon, dont la piété filiale fut récompensée par toutes sortes de prospérités. — Celui qui méprise, au contraire, ses supérieurs, méprise son Dieu, le blesse à la prunelle de l'œil et accumule sur sa tête les plus terribles fléaux. Nous avons eu une preuve péremptoire de la vérité de cette parole dans Marie, sœur de Moïse, frappée de la lèpre pour avoir murmuré contre son frère ; dans Coré, Dathan et Abiron engloutis dans le sein de la terre, pour n'avoir point écouté le grand prêtre Aaron ; dans les quarante-deux enfants qui furent égorgés par un ours furieux pour s'être moqués du prophète Elisée.

Et enfin de nos jours notre pays qui avait perdu, dominé par l'égoïsme, le sensualisme et le manque de foi, tout respect pour toute autorité légitimement constituée, a vu se réaliser cette prophétie terrible par laquelle Isaïe menaçait autrefois les violateurs du qua-

15

trième commandement. « Malheur à vous, leur disait le prophète, lorsque le fléau inondant passera, il vous foulera aux pieds. »

Telles sont pour tout homme de bonne foi les principales causes de nos derniers désastres. Cherchons maintenant le remède à de semblables malheurs.

V. — Remède.

Le remède doit être approprié au genre de la maladie. Or, à un mal moral, il faut appliquer un remède moral. C'est ce que nous allons faire en deux mots. La recette sera courte, simple, facile à suivre. On a horreur d'une forte dose et on recule devant la coupe qui la contient ; on se décide plus facilement, au contraire, à en faire usage, quand on peut la prendre en un trait.

A la profanation du dimanche opposons la sanctification de ce jour. Approchons-nous donc de l'autel du Seigneur, le corps délassé par un repos complet ; le cœur plein de ferveur et de reconnaissance, l'âme exempte de souillure, désenchantée des vains amusements du siècle. Ne cédons jamais, pour violer la Sainteté de ce Jour, que devant des raisons de piété, de charité, de nécessité ou de haute convenance autorisées par l'Eglise ; mais n'alléguons plus tous ces prétextes plus spécieux les uns que les autres, tels que exigences de subsistance, de rang ou de clientèle, prétextes allégués par le cri d'une conscience relâchée, ou par la voix d'un intérêt sordide.

Au blasphème opposons le plus profond respect pour le nom de Dieu, qui nous a créés; de Jésus-Christ, qui nous a sauvés; de la Vierge, qui nous a exaucés; des saints, qui nous ont protégés. Inclinons-nous avec respect devant la sainteté et la promulgation opportune de nos dogmes, comme aussi devant la triple auréole de prêtre, de roi et de martyr qui brille sur le front de l'immortel Pie IX. Ne lançons plus l'ironie et le sarcasme sur ces magnifiques pèlerinages et ces œuvres de piété qui servent à entretenir une vertu naissante et à développer une perfection acquise.

Luttons contre le sensualisme par la simplicité et la modestie des goûts, des habitudes et du costume, et n'oublions jamais que le sentier du Calvaire est la voie de la gloire et du bonheur; tandis que les détours du plaisir et de la volupté sont le chemin de la souffrance, de la misère et de l'infamie.

Enfin, immolons cette volonté orgueilleuse qui se révolte devant toute autorité légitimement constituée; immolons-la par des marques sensibles et réelles de respect, d'obéissance et d'amour. Que notre piété filiale ne se laisse pas refroidir par les défauts dont elle serait, hélas! parfois témoin; qu'elle ne considère que Dieu caché dans la personne de ses supérieurs, comme à l'ombre d'un sacrement; qu'elle ne contemple que sa perfection, et qu'elle s'incline toujours devant elle, sachant couvrir les défauts qui l'attristent du manteau de la bienveillance et de l'excuse.

Voilà le remède à appliquer à nos plaies, hélas!

si profondes, le seul capable de nous préserver des malheurs du temps et de l'éternité. O chère terre du Midi, prends donc ce remède qui t'est offert au lendemain de cette cruelle agonie; vite, vite, prends-le, et tu vivras pleine de gloire et de bonheur. *Hoc fac et vives !!!*

CHAPITRE VIII

Noms et actes de dévouement de tous ceux qui ont obtenu une récompense.

Nous serions heureux de mentionner ici les noms et les actes de dévouement de tous ceux qui ont obtenu une récompense dans les départements de la Haute-Garonne et du Tarn-et-Garonne; mais la liste seulement pour le département de Lot-et-Garonne nous a été transmise et nous nous empressons de l'enregistrer comme un digne couronnement de notre travail.

Médaille d'or de première classe. — Meynot, maire d'Agen : a fait preuve d'une énergie et d'un dévouement exceptionnels pour assurer tous les services.

M. O. 2e classe — De Lacvivier (Jean-Marie-Sylve), premier adjoint au maire d'Agen : s'est particulièrement distingué dans l'organisation du sauvetage et la distribution des vivres pendant l'inondation.

M. O. 2e classe.— Couleau (Marc), conseiller municipal à Agen : a puissamment contribué au sauvetage et recueilli chez lui un grand nombre de personnes.

M. O. 2e classe. — Gambon (Jean-Ignace, sergent de ville à Agen, Espagnol d'origine, engagé volontaire en 1870 ; décoré de la médaille militaire : a opéré de nombreux sauvetages dans des circonstances très périlleuses sur divers points de la ville d'Agen et la commune du Passage.

M. O. 2e classe. — Roques (Philippe), maître de bains à Agen.

M. A. 2e classe. — Tronchet (Antoine) marchand de vins à Agen.

Ont opéré le sauvetage de la famille Dallas, propriétaire des bains situés en amont de celui de Roques. Cette famille, réfugiée sur la toiture de la maison, appelait du secours, mais la violence du courant n'avait pas permis d'en approcher. Malgré l'imminence du danger et après des efforts inouïs, MM. Roques et Tronchet parvinrent à la recueillir dans leur bateau. Ce sauvetage est un de ceux qui ont exigé le plus de courage et de sangfroid.

M. A. 1re classe. — Durrens (Antoine), garde barrage du canal au Passage d'Agen : au plus fort de l'inondation, ce barragiste entendant des cris de détresse poussés par les habitants de la rive opposée de la Garonne dont les maisons étaient envahies par les eaux jusqu'au premier étage, n'hésita pas à traverser le fleuve, malgré les dangers de cette entreprise, et réussit à sauver un grand nombre de personnes sur divers points de la plaine.

M. A. 2e classe. — Fontanié (Jean), marin, au Passage d'Agen : a opéré de nombreux sauvetages au péril de sa vie dans la ville d'Agen, tandis que sa femme et ses enfants, surpris par l'inondation, couraient eux-mêmes de graves dangers dans leur habitation.

M. O. 2e classe. — Grousset (Antoine), ouvrier ébéniste à Agen : a constamment secondé, dans un bateau, pendant les inondations, le lieutenant Peyrolle, décoré de la Légion d'honneur, et le marin Hauric, médaillé militaire au passage de M. le Maréchal, Président de la République.

M. A. 1re classe. — Coumet (Pierre) aîné, marin marchand de bois à Agen : nombreux sauvetages dont l'un dans des conditions extrêmement périlleuses. Il a dû circuler sur des pans de mur d'une maison écroulée pour en sauver les habitants.

M. A. 2e classe. — Péjac (Félix), charcutier à Agen : a accompli le 24 juin avec le sieur Bissière, qui a été décoré de la Légion d'honneur, des sauvetages très périlleux.

M. A. 2e classe. — Donnefort (Jean), employé de chemin de fer à Agen : a opéré de nombreux sauvetages dans la banlieue d'Agen, où la violence des courants offrait les plus grands dangers. Il est resté trente heures dans une barque pour porter secours aux familles inondées et n'a abandonné son œuvre que lorsque la barque a été hors de service.

M. A. 2e classe. — Fontan (Jean-François-Prosper), commissaire de police à Agen, s'est très-bien conduit pendant l'inondation ; a fait preuve de beaucoup de zèle et de dévouement en aidant au sauvetage et à la distribution des vivres aux inondés.

M. A. 1re classe. — Armand (Laurent) chef de division à la préfecture d'Agen : a fait preuve d'un zèle et d'un dévouement très remarquables pendant l'inondation.

M. A. 1re classe. — Vicomte de Dampierre, propriétaire à Saint-Nicolas : a organisé des secours pour assurer le sauvetage de plusieurs personnes dans une des communes les plus ravagées par l'inondation.

M. A. 1re classe. — Berny (Jean) dit Nir, titulaire d'une médaille de 2e classe, ancien marin, cordonnier à Villeneuve-sur-Lot.

M. A. 1re classe. — Bastel (Cléonis), titulaire d'une médaille de 2e classe, marin à Villeneuve-sur-Lot ;

M. A. 1re classe. — Fréjafond (Alexandre), marin à Saint-Sylvestre.

Venus de Villeneuve à la nouvelle de l'inondation, ces trois marins ont puissamment contribué aux sauvetages de la ville d'Agen ; grâce à leur expérience ils ont réussi à sauver un très grand nombre de personnes au péril de leur vie.

M. O 1re classe. — Cabrié (Louis), maire d'Aiguillon : a dirigé avec intelligence et une grande activité les travaux de fermeture des passages de l'endiguement des faubourgs et parcouru en bateau la plaine inondée, apportant les secours nécessaires. Grâce à toutes les mesures prises par ce fonctionnaire, personne n'a péri dans sa commune, qui a subi de grands désastres matériels.

M. O. 2e classe. — Olivier (Jean), ancien militaire, appariteur à Aiguillon ;

M. A. 1re classe. — Charpentié (François) père, ancien marin, pêcheur à Aiguillon ;

Ont couru les plus grands dangers dans la nuit du 24 au 25 juin, en sauvant d'une mort certaine plusieurs personnes de la campagne dont les maisons venaient d'être détruites, et qui s'étaient réfugiées sur des arbres. Ils ont également opéré d'autres sauvetages très périlleux dans le bas quartier de la ville.

M. A. 1re classe. — Gignoux (Jean), camionneur à Aiguillon : a accompli de nombreux sauvetages dans les fermes inondées et est parvenu, notamment, à mettre en sûreté trois personnes sur le point de périr.

M. A. 1re classe. — Nicolas (Antoine), à Boé : est parvenu, en bravant les plus grands périls, à sauver douze personnes dont les maisons étaient emportées par la violence du courant.

M. A. 2e classe. — Péjac (Jean), ancien marin, à Boé ; cet ancien marin, âgé de 80 ans, aidé de son fils, a opéré le sauvetage de plusieurs personnes sur le point de périr et à fait preuve d'un courage et d'un dévouement très-remarquables.

M. A. 1re classe. — Vidal (Jean) père, à Caudecoste : a sauvé, aidé de son fils, et recueilli dans sa maison une trentaine de personnes qui auraient infailliblement péri sans son généreux dévouement.

M. A. 2e classe. — Laroche, maire de Lafox : monté sur une barque qu'il dirigeait lui-même ; il a opéré de nombreux sauvetages dans des circonstances périlleuses, sur divers points de sa commune.

M. A. 1re classe. — Denis (Guillaume), coiffeur à Layrac.

M. A. 1re classe. — Danglade (Bernard), négociant à Layrac ;

Ont parcouru la basse plaine pendant l'inondation, à l'aide d'un petit bateau de pêcheurs, et ont ainsi réussi à sauver un grand nombre de personnes dont la plupart auraient péri.

M. A. 1re classe. — De Latenay, propriétaire à Layrac. M. de Latenay, avec M. Guizot, qui a déjà reçu une médaille d'or, et M. Chaudeborde, officier de marine, a recueilli sur un bateau un grand nombre de personnes en danger de périr et les a déposées en lieu sûr. Ces sauvetages présentaient de grandes difficultés.

M. A. 1re classe. — Barthe fils, à Saint-Laurent : a sauvé la vie à une trentaine de personnes qu'il a retirées de leurs maisons à l'aide d'un bateau qu'il a manœuvré de neuf heures du soir à trois heures du matin dans la nuit du 24 juin.

M. A. 1re classe. — Gilles (Pierre), marin au Passage-d'Agen : a opéré de nombreux sauvetages dans des circonstances périlleuses. Est parvenu, notamment, après de grands efforts à sauver un homme resté seul sur un pilier de grille, les autres ayant été emportés par le courant.

M. A. 2e classe. — Mme Rives, institutrice libre (50 ans), à Saint-Hilaire. Sa maison, située sur un point relativement élevé, a servi de refuge à plus de 20 personnes et à 40 têtes de bétail. Cette habitation ayant été envahie par les eaux à une hauteur de 1 m. 40 c., Mme Rives, à l'aide d'un escalier improvisé, a fait monter au premier étage les personnes et les animaux qu'elle a nourris pendant deux jours. Elle a dirigé personnellement les sauvetages, et est restée dans l'eau à cet effet pendant toute la journée et la nuit du 24 juin.

M. A. 2e classe. — Guitard, ancien marin, à St-Romain. A opéré de nombreux sauvetages ; son bateau ayant été brisé, il s'est accroché à un arbre. Dès qu'on a pu le dégager, il a recommencé son œuvre de dévouement, qu'il a accomplie avec le plus grand courage.

M. A. 1re classe. — Lussagnet (Jean), pêcheur à Saint-Nicolas.

M. A. 1re classe. Causse (Guillaume), ancien marin, à Saint-Nicolas ;

M. A. 1re classe. — Baqué (Pierre), ancien marin, à St-Nicolas.

Par leur courage et par leur dévouement, ils ont sauvé la vie à la plus grande partie de la population de la commune. Cette localité a été une des plus éprouvées par l'inondation, car on a constaté 115 démolitions partielles.

M. A. 1re classe. — Roucaud (Jean-Pierre), propriétaire, ancien maire, à St-Sixte : a opéré de nombreux sauvetages, conduisait lui-même un bateau et bravait le danger qu'offraient les courants et la hauteur extraordinaire des eaux.

M. A. 1re Classe. — Vignes (Pierre), pêcheur à Saint-Sixte : a fait preuve de courage et de dévouement en portant secours aux personnes en danger de périr. Il n'a négligé que sa maison et son mobilier qui ont été emportés par l'inondation.

M. O. 2e classe. — Olivié (Pierre), à Sauveterre : a sauvé 60 personnes dans des circonstances très difficiles.

M. A. 2e classe. — Castex (Sylvain), à Sérignac : nombreux sauvetages ; a fait preuve de courage et de dévouement.

M. A. 1re classe. — Pachy (Pierre), titulaire d'une médaille de 2e classe, a Feugarolles.

M. A. 2e classe. — Ferragut (François), employé des chemins vicinaux à Nérac.

M. A. 2e classe. — Duluc (Théophile), secrétaire de la sous-préfecture, à Nérac.

M. A. 2e classe. — Laure (Bernard), charpentier de bateaux, à Feugarolles ;

Pendant les journées des 24 et 25 juin, ils ont sillonné la plaine de Feugarolles pour porter secours inondés. Ont opéré de nombreux sauvetages et distribué des vivres aux familles inondées.

M. A. 2e classe. — Laroche (Pierre), marin, à St-Cirq : a plusieurs fois exposé sa vie pour opérer des sauvetages.

M. O. 2e classe. — D'Auber de Peyrelongue (Henri), propriétaire à Marmande : a, des premiers, équipé un bateau est allé secourir les inondés de la rive droite en amont de Marmande. Le maire de Saint-Pardoux signale les services qu'il a rendus au moment le plus dangereux en ramenant à terre les inondés. N'a cessé de naviguer pendant quatre jours et de porter des provisions aux inondés.

M. A 1re classe. — Grand (Pierre), cultivateur à Taillebourg : grâce à son intrépidité et à sa rare activité, il a pu, au péril de sa vie, opérer de nombreux sauvetages dans plusieurs communes.

M. A. 2e classe. — Ducos (Pierre), sabotier, à Marmande.

M. A. 2e classe. — Sarroste (Pierre), dit Julien, cafetier à Marmande.

M. A. 2e classe. — Picot (Joseph), charpentier à Marmande.

M. A. 2e classe. — Mazimet (Pierre-Alexandre) pêcheur à Marmande.

M. A. 2e classe.— Layssac (Pierre), marin à Marmande.

Ont exposé leur vie en allant chercher des inondés en danger d'être engloutis, et se sont dévoués, après que le danger a été passé, à porter des provisions et des secours à ceux qui étaient restés dans leurs maisons.

M. A. 1re classe. — Bory (Pierre), cantonnier de la Garonne à Taillebourg : accompagné de sa courageuse femme et du nommé Roi (Antoine), soldat au 54e de ligne, il a été recueillir des inondés sur les toits. Les renseignements recueillis sur lui par ses chefs établissent qu'il a exposé sa vie.

M. A. 1re classe. — Delteil (Henri), sergent de ville à Tonneins ;

M. A. 2e classe. — Picot (Jean) aîné, entre-preneur à Tonneins ;

Ont, au péril de leur vie et dans des circonstances très difficiles, opéré de nombreux sauvetages.

M. O. 1re classe. — Vicomte Olivier de Luppé, conseiller général, au Mas-d'Agenais. Dès le premier moment du danger, M. de Luppé s'est empressé d'équiper un bateau et n'a cessé, pendant le plus fort de l'inondation, de parcourir son canton, recueillant les gens en danger de mort, et portant aux autres inondés des secours de toute espèce. Son courage, son zèle et sa générosité méritent une récompense exceptionnelle.

M. A. 2e classe. — Dubourg (Jean) aîné, tailleur de pierres au Mas-d'Agenais ; déjà signalé par divers actes de dévouement. A sauvé plusieurs hommes, femmes et enfants au péril de sa vie.

M. A. 2e classe. — Lassarade (Jean) fils, charpentier au Mas-d'Agenais; a été sauver une famille de tuiliers malgré un fort courant que personne n'osait affronter; la tuilerie s'est ensuite effondrée. S'est antérieurement signalé par d'autres actes de dévouement.

M. A. 2e classe. — Bordez (Jean-Edmond), maire du Mas-d'Agenais; a donné un excellent exemple en partant en bateau, dès trois heures du matin. Il a secondé Lassarade dans ses actes de dévouement.

M. A. 2e classe. — Dubourg (Jean-Julien), pêcheur à Caumont; a sauvé au péril de sa vie, six personnes qui se seraient infailliblement noyées.

M. A. 2e classe. — Caillis (Pierre), charpentier à Fourques;

M. A. 2e classe. — Bareyre (Gabriel), garde-champêtre à Fourques;

Ont couru les plus graves dangers en opérant de nombreux sauvetages dans des conditions difficiles.

M. A. 2e classe. — Augé (Léonce), maire de Lagruère;

M. A. 2e classe. — Bergues (Jacques), régisseur à Lagruère;

Signalés comme s'étant très bien conduits et ayant opéré de nombreux sauvetages au péril de leur vie.

M. A. 2e classe. — Cazemajou (Jean), marin à Meilhan; a fait preuve d'un grand courage et d'un grand dévoûment dans les mêmes circonstances.

Mentions honorables.

Constan (Jean-Sylvain), sergent de ville à Agen.

Gay (François), sergent de ville à Agen, ont opéré de nombreux sauvetages à Agen.

Jaffre (Arnaud), ancien marin, aubergiste à Agen, a coopéré au sauvetage de la famille Dallas, réfugiée sur la toiture de sa maison.

Laporte (Jean), ancien marin de l'Etat, charcutier à Agen;

Delpech (Guillaume), aîné, carrossier à Agen;

Ont accompli plusieurs sauvetages dans des conditions périlleuses.

Dupin (Hugues), garde barrage du canal au Passage d'Agen; a contribué à sauver un grand nombre de personnes sur divers points de la plaine.

Huguet, gardien-chef de la prison d'Agen; a sauvé plusieurs personnes.

Chollet (Auguste), ancien marin, boulanger à Agen; a opéré plusieurs sauvetages et porté des secours à travers les courants.

Saliné (Pierre), ancien marin, chef surveillant des lignes télégraphiques à Agen.

St-Martin (Jean), surveillant des lignes télégraphiques.

Ont rétabli, dans des circonstances périlleuses, plusieurs lignes télégraphiques détruites par les eaux.

Lassoujade (Jacques), professeur de gymnastique au lycée d'Agen; a accompli plusieurs sauvetages périlleux à l'aide d'une légère embarcation.

Allemand (Antoine), titulaire d'une médaille de 2e classe, garde de navigation à Villeneuve-sur-Lot; a contribué aux sauvetages de la ville d'Agen.

Charpentier (François) fils, homme d'équipe à Aiguillon; a coopéré au sauvetages de plusieurs personnes réfugiées sur des arbres.

Dozos (Paul), boulanger à Aiguillon; a également prêté son concours dans des sauvetages périlleux.

Miquel (Jean), tonnelier à Aiguillon, concours dévoué dans les mêmes circonstances.

Bouzeran, ancien militaire, appariteur à Aiguillon; a

passé la nuit du 21 au 25 juin à un poste très périlleux.

Aubelis (Jean) à Boë ;
Vidal (Raymond) fils, à Caudecoste ;
Lacaze (Second), à St Sixte ;
Ont contribué à sauver douze personnes dont les maisons ont été emportées.

Frespech (Arnaud), à Toulouse, maître de bateau (de passage à Port-Ste-Marie) ;
Caubet (Jean-Second), cultivateur à Nicole ;
Vittes (Bernard), marin au Passage d'Agen ;
Descomps (Célestin), marin au Passage d'Agen ;
Landé (Félix), à St-Hilaire ;
Ont sauvé beaucoup de personnes à l'aide de bateaux.

Colas (Pierre), marin au passage d'Agen ;
Pinèdre (Jean), pêcheur à St-Jean-de-Thurac ;
Albart (Félix), à Clermont-Dessus ;
Darach (Pierre), à Clermont-Dessus ;
Blanquet (Arnaud), à Saint-Sixte ;
Ont opéré de nombreux sauvetages.

Mothes (Michel), métayer à Buzet ;
Lagarde (Antoine), marchand fruitier à Saint-Cirq ;
Darlan (Jean-Baptiste-Joas), notaire à Marmande ;
Manhès (Jean-Georges), professeur de musique à Marmande ;
Layssac (Pierre-Pascal, marin à Marmande ;
Duthil (Pierre Baptiste), marin à Marmande ;
Bentadou (Guillaume), rentier à Marmande ;
Tamisé (Raymond), cultivateur à Taillebourg ;
Casse (Jean), jardinier à Feugaroles ;
Gaudeneau (Hippolyte), charpentier à Tonneins ;
Picot (Gabriel), employé des ponts et chaussées à Tonneins ;
Guinlot (Jacques), garde-barrière du chemin de fer à Fauillet ;

Picard, cultivateur à Sénestis,
Barberin (Michel-Abel), aubergiste, marin à Fourcques;
Petit (Julien), cultivateur à Lagruère ;
Barrat (Bernard-Maximin), marin à Saint-Hilaire ;
Bez (Léopold), 2e adjoint au maire d'Agen ;
Cazanobes (Jules), conseiller municipal à Agen;
Fabre (Joseph), conseiller municipal à Agen ;
Cabadé (Amédée), conseiller municipal à Agen;
Delmas (Henri), ingénieur de la ville d'Agen ;
Talini (Jérôme-Antoine), chef de bureau à la mairie d'Agen ;
Daufla (Antoine), employé à la mairie d'Agen ;
Pérusse (Antoine), serrurier à Agen ;
Tessidre (Prosper), pontonnier de la Garonne, à Agen ;
Liauzun (Léon), charretier à Agen ;
Philippe (Jean-Baptiste), serrurier à Agen ;
Fabal (Jean) à Agen ;
Jomié (René), marin à Agen ;
Brunel (Honoré), dit Milon, lutteur à Agen ;
Delpech (Blaise) à Agen ;
Sarrazin (Pierre), charpentier à Agen ;
Billa (François), à Agen ;
Cazeneuve (Bernard), employé de commerce au Passage d'Agen ;
Chabrier (Jean), maître de bateaux, à Villeneuve ;
Cancé (Jean), marin, à Villeneuve.
Castagné (Louis), serrurier, à Villeneuve.
Castex, Antoine), cordonnier, à Villeneuve.
Cazenave (Jean-Pierre), marin, à Villeneuve.
Grimard (Henri), charpentier, à Villeneuve.
Mariol (Auguste), pêcheur, à Villeneuve ;
Mariol (Henri), pêcheur, à Villeneuve-sur-Lot ;
Tinchon (Jean), postillon, à Villeneuve ;
Mérié, éclusier, à Saint-Sylvestre ;

Biers, boulanger, à Saint-Sylvestre ;
Bouysson, meunier, à Penne ;
Boulon (André), meunier, à Penne ;
Charpy (Noël), meunier, à Penne ;
Fajet (Joseph), au Passage-d'Agen ;
Laroche (Joseph), au Passage d'Agen ;
Mieussens (Henri), au Passage-d'Agen ;
Pouydesseau, ancien conseiller municipal, au Passage ;
Ortole (Marcelin), sergent de pompiers au Passage ;
Ducos (Jean), conseiller municipal, au Passage ;
Soulès (Joseph), commandant des pompiers du Passage ;
Soulès (Joseph), employé du chemin de fer au Passage ;
Goux (Antoine), maire ;
Dané (Jean), employé à la gare d'Agen ;
Vidal (Cadet), au Passage d'Agen ;
Torrès (Antoine,) au Passage d'Agen ;
Lagarde (Antoine), marin à Saint-Cirq ;
Lagarde (Antoine), marin à Saint-Cirq ;
Lagarde (Alexandre), marin à Saint-Cirq ;
Pujoula (Jean), fils, marin, à Saint-Cirq ;
Bru (Félix), dit Pope, marin à Saint-Cirq ;
Descuns (Paul-Victor), marin à Saint-Cirq ;
Descuns (Joseph), ainé, marin à Saint-Cirq ;
Péjac, fils ainé, marin à Boë ;
Barthe (Réné), garde-barrière du chemin de fer, à Boë ;
Jaubert (Jean), garde-barrière du chemin de fer à Boë ;
Sarramiac (Evariste), garde barrière du chemin de fer à Boë ;
Baronne de Bastard, à Sauveterre ;
Soureil (Elie), à Sauveterre ;
Gabiole (Jean), à Sauveterre ;
Courbet (Bernard), à Sauveterre ;
Lassale (Michel), à Sauveterre ;

Barrés (Joseph), à Caudecoste ;
Vicomtesse de Dampierre, à Saint-Nicolas ;
Gignoux (Alexandre), marin à Saint-Sixte ;
Gignoux (Géraud), marin à Saint-Sixte ;
Laffitte (Charles), marin à Saint-Sixte ;
Barrés (Pierre), ancien marin, à Saint-Sixte ;
Vigneau jeune, marin à Saint-Sixte ;
Labrunie (Paulin), propriétaire à Saint-Jean-de-Thurac ;
Labrunie, propriétaire à Saint-Jean de-Thurac ;
Daurel (Jean), cultivateur à St-Jean-de-Thurac ;
Laporte fils, menuisier à Saint-Jean-de-Thurac ;
Gillis (Jean), tonnelier à Saint-Jean-de-Thurac ;
Monié (Mathieu), cantonnier à Saint-Jean-de-Thurac ;
Nayssens (Jean), tailleur à St-Jean-de-Thurac ;
Monier (Guillaume) métayer à Lafox ;
Alézats (Pierre) métayer à Lafox ;
Monié (Pierre), métayer à Lafox ;
Baratié, métayer à Lafox ;
Bissières, métayer à Lafox ;
Galtié, forgeron à Lafox ;
Dupau (Firmin) maître maçon à Lafox ;
Dupau (Henri), maître maçon à Lafox ;
Dupau (Jean), maître maçon à Lafox ;
De Caubios (Gaston) ;
Baron d'Andiran, propriétaire à Nicole ;
Latouche, directeur de la compagnie des bateaux de la Baïse ;
Camicas (Marmers-Joseph), à Feugarolles ;
Dubédat, maître de bateaux à Lavardac ;
Guerre (Gabriel), rentier à Buzet ;
Bert (Justin), forgeron à Monheurt ;
Bergères (Mathieu), coiffeur à Monheurt ,
Chayries (Jean-Auguste), manœuvre à Monheurt ;

Lacombe (Jean-Adrien) boulanger à Monheurt;
Olivier (Emile), manouvrier à Monheurt;
Cavalier (Louis), manouvrier à Monheurt;
Brissac (Xavier), charpentier à Monheurt;
Montagne (Antoine), négociant à Port-Sainte-Marie;
Valette (Pierre), marin à Port-Sainte-Marie;
Dupouy (Désiré), à Tonneins;
Dupré (Rémy), à Tonneins;
Tissot (Pierre), à Tonneins;
Boué (Gabriel), à Fauillet;
Fabart (Pierre), à Fauillet;
Lac (Firmin), à Fauillet;
Sauroil (Mathieu), à Fauillet;
Riffeau (Jérome), à Fauillet;
Tamiset (Ernest), au Mas-d'Agenais;
Barralier (Louis), au Mas-d'Agenais;
Guillateau (Antoine), au Mas-d'Agenais;
Tastes (Raymond), à Caumont;
Callis (Joseph), à Fourques;
Lafargue, à Fourques;
Petit (Pierre), à Fourques;
Perrot (Louis), à Fourques;
Prégnac (Simon), à Fourques,
Gajac (Jean-Auguste), à Fourques;
Lafagne (Paul), à Fourques;
Labeyrie (Jean), à Lagruère;
Neuville (Jean-Charles), marin, à Couthures;
Ribes (Jean), marin, à Meilhan;
Roussel, conducteur des ponts et chaussées, à Marmande;
D'Aubeyre de Peyrelongue (Joseph), propriétaire;
Boisvert (Maurice), à Marmande;
Massat (Henri), à Marmande;
Jarleton (Oscar), à Marmande;

Chabry, garde de navigation, à Marmande ;
Montet, commissaire de police, à Marmande ;
Montguillot (Jean), pêcheur, à Marmande ;
Duthil (Jean), charpentier, à Marmande ;
Rivière, ancien maire à Saint-Pardoux ;
Pallard (André), à Sainte-Bazeille ;
Cassagneau (François), à Gaujac ;
Denolles (Bernard), à Couthures ;
Dupuy (Jean), à Jusix,

Ont fait preuve de beaucoup de zèle et de dévouement, en aidant au sauvetage et en portant des secours aux inondés.

TABLE DES MATIÈRES

PRÉFACE.. 7
Ch. Ier. — Vitesse et étendue de l'inondation à Toulouse................................... 10
    II. — Sauvetage................................... 18
    III. — Visite aux décombres...................... 51
    IV. — Traits de dévouement..................... 58
    V. — L'inondation dans le département de Tarn-et-Garonne. — Montech. — La Mirole. — Bourret. — Saint-Pasquier. — Escatalens. — Saint-Martin de Belcassé. — Verdun. — Castelsarrasin. — Moissac. — Saint-Nicolas de la Grave. — Merles. — Malause. — Pommevic. — Espalais. — Auvillars. — Valence. — Golfech. — Lamagistère. — Donzac................. 78
    VI. — L'inondation dans le département de Lot-et-Garonne. — Saint-Sixte. — Clermont-Dessus. — Saint-Romain, — Saint-Jean-de-Thurac. — Saint-Nicolas. — Caudecoste. — Sauveterre. — Saint-Pierre de Gaubert. — Layrac. — Agen. — Dolmayrac. Le Passage. — Monbusq. —

Colayrac. — Saint-Hilaire. — Aiguillon. Feugarolles. — Thouars. — Buzet — Tonneias. — Lamarque. — Lagruère. — Fauillet. — Sénestis. Le Mas-d'Agenais. — Fourcques. — Caumont. — Taillebourg. — Marmande. Couyssan. — Couthures. — Meilhan.......... 127

VII. — Cause de nos désastres. — La Profanation du jour du dimanche. — Le Blasphème. — Le Sensualisme. — Le Mépris de toute autorité légitimement constituée. — Remède à nos malheurs.. 209

VIII. — Liste des noms et des actes de dévouement de ceux qui ont obtenu une récompense. 229

www.ingramcontent.com/pod-product-compliance
Lightning Source LLC
Chambersburg PA
CBHW070527170426
43200CB00011B/2349